CB011630

A Teoria Geral dos Signos

Coleção Estudos
Dirigida por J. Guinsburg

Equipe de realização – Tradução: Pérola de Carvalho; Revisão e Índices: Tania Mano Maeta; Produção: Ricardo W. Neves e Raquel Fernandes Abranches.

Elisabeth Walther-Bense

A TEORIA GERAL DOS SIGNOS

INTRODUÇÃO AOS FUNDAMENTOS DA SEMIÓTICA

 PERSPECTIVA

Título original em alemão
Allgemeine Zeichenlehre

Copyright © Elisabeth Walther-Bense

CIP-BRASIL. CATALOGAÇÃO-NA-FONTE
SINDICATO NACIONAL DOS EDITORES DE LIVROS, RJ

W194t

Walther Elisabeth.
    A teoria geral dos signos : introdução aos fundamentos da
semiótica / Elisabeth Walther-Bense ; [tradução Pérola de
Carvalho]. - [Reimpr.]. - São Paulo : Perspectiva, 2010.
(Estudos ; 164)

    Tradução de: Tradução de: Allgemeine Zeichenlehre
    Inclui biliografia e índice
    ISBN 978-85-273-0218-0

    1. Peirce, Charles S. (Charles Sanders), 1839-1914. 2. Semi-
ótica. 3. Sinais e símbolos I. Título. II. Série.

10-5546.   CDD: 121.68
                                               CDU: 164.02

26.10.10   10.11.10   022483

1ª edição – 1ª reimpressão

Direitos reservados em língua portuguesa à
EDITORA PERSPECTIVA S.A.

Av. Brigadeiro Luís Antônio, 3025
01401-000 São Paulo SP Brasil
Telefax: (011) 3885-8388
www.editoraperspectiva.com.br

2010

Sumário

Prefácio à Edição Brasileira

Muito me alegra que o meu livro *A Teoria Geral dos Signos* (*Allgemeine Zeichenlehre*) seja publicado pela altamente conceituada Editora Perspectiva de São Paulo, por meio da qual já vieram à luz a *Pequena Estética* de Max Bense e a *Lógica da Poesia* de Käte Hamburger.

Desde meados de 1958, quando eu, estimulada por Max Bense, comecei a pesquisar a semiótica de Charles S. Peirce, tenho-me interessado por problemas dessa natureza. Alguns dos escritos peircianos foram por mim traduzidos para o alemão, ou então, graças à minha instigação, por meus estudantes. Max Bense, já em seu primeiro livro, acentuara a importância dos signos para a arte e a ciência. Assim, não é surpreendente que ele, mais tarde, e de modo cada vez mais intensivo na elaboração de sua própria semiótica, se ocupasse da matéria, tomando por base os fundamentos de Peirce. Entrementes, as pesquisas teóricas sobre os signos e as aplicações respectivas aos mais diferentes temas se desenvolveram em escala universal, sob variadas formas.

A primeira redação de *Allgemeine Zeichenlehre* remonta a 1974, aos meus seminários e conferências, que despertaram grande interesse. Isto posto, já em 1979 seguiu-se uma segunda edição ampliada e, a partir dela, publicaram-se traduções para o italiano, o japonês, o chinês e o espanhol. Rejubilo-me em especial com esta edição em português, já que o Brasil produziu uma inapagável impressão sobre mim. Os amigos brasileiros, que Max Bense e eu, nos anos 60, fizemos no curso de várias viagens, permitiram-me conhecer – como escreveu Max

Bense em seu *A Inteligência Brasileira* (*Brasilianische Intelligenz*) –
uma inteligência jovem, moderna, ativa, cuja energia e sensibilidade,
cuja mentalidade racional e ao mesmo tempo engajada na arte e na
ciência, me despertaram e ainda me despertam fascínio.

Que eu agora, ainda que não em pessoa, mas por meio de meu
livro, possa de novo me sentir em casa no Brasil, é algo que agradeço
de coração a Haroldo de Campos e a J. Guinsburg.

Prefácio à Primeira Edição

Nas últimas décadas, por toda a parte tem-se podido observar uma forte tendência para modos de reflexão semióticos. Sua motivação externa pode detectar-se no desenvolvimento formal de muitas ciências que pressupõem o conceito de signo sem havê-lo investigado ou que empregam uma classe especial de signos e sistemas de signos, sem relacioná-los com uma teoria geral dos signos.

A maioria das contribuições sobre semiótica publicadas nos últimos anos empregam conceitos e representações semióticos mas de maneira descritiva, heurística ou eclética, tendo em vista que ou descrevem signos e sistemas de signos existentes com meios insuficientes ou aplicam métodos e modos de reflexão emprestados de outras ciências, reelaborando-os por meio dos signos. Nem as investigações da "semiologia" estruturalista, realizadas na França por De Saussure e Lévi-Strauss com meios lingüísticos e estruturalistas, nem as publicações marxistas sobre semiótica, respaldadas na psicologia e na sociologia, são utilizáveis para a construção de uma teoria geral dos signos.

Desde a *Wissenschaftslehre* [*Teoria da Ciência*] de Bolzano, de 1837, que deve ser considerada não só como lógica, mas também como semiótica, quase ninguém se preocupou com a elaboração da semiótica como ciência independente, geral e abstrata. Apenas Charles Sanders Peirce, a partir de 1867, enfrentou novamente problemas semióticos, dando numerosas contribuições para uma semiótica teoricamente fundamentada. Tais contribuições, porém, aparecem dentro de seus trabalhos logísticos para a teoria das relações, particularmente sobre a álgebra booleiana e em suas reflexões matemáticas, bem como em suas meditações pragmatísticas em geral. Mas não foram reunidas em nenhuma obra específica sobre semiótica. Daí permanecer quase inteiramente desconhecido seu valor fundamental para a ciência e a investigação científica até o limiar dos anos 30, quando teve início a publicação dos *Collected Papers of Ch. S. Peirce*. Nem mesmo um lógico tão eminente como Heinrich Scholz, que conheceu com exatidão e ressaltou a importância do matemático e filósofo norte-americano, foi capaz de dar-se conta da teoria semiótica deste, tal como estava, dispersa nos *Collected Papers*. Só nos anos 60 foi possível elaborar e desenvolver em diversas investigações o que hoje conhecemos sob o nome de "teoria de base" da semiótica peirciana como uma teoria dos signos geral e abstrata. Essa semiótica revelou-se um instrumento útil, que se tornou importante para muitos domínios do conhecimento científico, como por exemplo para amplos setores da filosofia, da lógica, da teoria da ciência, da estética, da matemática, do *design* e da teoria da arquitetura.

O presente livro pretende ser a introdução aos fundamentos dessa semiótica geral, abstrata, e tornar conhecidos os desenvolvimentos realizados no Instituto de Filosofia e Teoria da Ciência da Universidade de Stuttgart. E como a dita teoria não está concluída, é óbvio que só nos é possível comunicar o estágio atual da investigação. A síntese histórica da introdução não pode ser uma história da semiótica, mas visa apenas pôr em evidência alguns pontos de vista importantes, previamente elaborados, e mostrar que uma teoria geral dos signos tem sido tema de interesse filosófico desde a Antigüidade.

Agradeço a todos os que direta ou indiretamente colaboraram para a elaboração deste livro. Agradeço sobretudo aos colaboradores e estudantes do Instituto de Filosofia e Teoria da Ciência da Universidade de Stuttgart e, muito especialmente, ao diretor do instituto, Prof. Dr. Max Bense, de quem provêm os desenvolvimentos mais importantes da "teoria de base" e que está essencialmente comprometido, através da crítica e do estímulo, com a realização deste livro.

Prefácio à Segunda Edição

Durante os anos que se seguiram à publicação da primeira edição deste texto, a semiótica continuou sendo aprofundada e desenvolvida não só em nosso instituto, na Universidade de Stuttgart, mas também no Centro Universitário de Perpignan, na Universidade de Toronto, em diversas universidades da Alemanha, Japão, Itália, Estados Unidos, Brasil – para nomear apenas algumas. No entanto, a semiótica é, na verdade, uma ciência ainda jovem que nem em toda a parte tem sido aceita como disciplina autônoma de ensino, em cursos, seminários e colóquios. Mas em muitos lugares é ela estudada e aplicada intensivamente, pelo menos em grupos de trabalho de caráter multidisciplinar. *Designers* gráficos e industriais valem-se de conceitos e métodos semióticos e, nesse meio tempo, tem sido ela incorporada em diversos programas de ensino de escolas superiores alemãs.

A partir de 1975, organizaram-se vários congressos e colóquios de semiótica nacionais e internacionais: em Milão, Stuttgart, Perpignan, Berlim, Viena, Suzette, Aix-la-Chapelle e nos Estados Unidos.

Ao lado da Sociedade Internacional de Semiótica fundaram-se numerosas sociedades nacionais: a alemã, a austríaca, a norte-americana, a canadense etc.

O primeiro *Wörterbuch der Semiotik* [*Dicionário de Semiótica*], publicado em 1973, está disponível desde 1975 também em espanhol. O termo "semiótica" (Bense) foi admitido no *Lexikon der Germanistischen Linguistik* [*Léxico da Lingüística Alemã*] (1976) e no *Wissenschaftstheoretischen Lexikon* [*Léxico Teórico das Ciências*] (1978).

Ao lado das contribuições relativas ao desenvolvimento teórico e metodológico da semiótica, ocorre uma onda crescente de publicações de intenção mais ideologizante e psicologizante.

Após a fundação da revista *Semiótica*, no ano de 1968, editada pela Sociedade Internacional de Semiótica, surgiu uma série de outras revistas de semiótica, que, em sua maioria, ainda publicam artigos interpretativos, hermenêuticos e estruturalistas, informam acerca de atividades das diferentes sociedades (por exemplo, em Berlim, em Viena, nos Estados Unidos) ou estão dedicadas a pesquisas históricas (Polônia). A ampliação e o aprofundamento da teoria básica de Peirce acham-se vinculadas sobretudo a *Semiosis*, *Ars Semeiotica* e diversos *Prospectos* do Círculo Semiótico de Toronto. Em razão de não termos podido incorporar nesta segunda edição todos os desenvolvimentos e aplicações, permitam-me remeter aos órgãos de publicação recém-citados (*cf.* também a bibliografia suplementar).

Nesta edição do livro, empenhamo-nos na tarefa de precisar diversas construções conceituais, indispensáveis às novas investigações, como também levamos a cabo uma série de ampliações da teoria básica de Peirce, que dizem respeito às "classes sígnicas", às "tricotomias", às "temáticas sígnica e da realidade", à "grande matriz", às operações de "seleção", "ordenamento" etc., bem como à "algebrização da semiótica".

A sinopse de história da semiótica e as aplicações (Cap. 3) não foram completadas, pois isso teria aumentado demasiadamente a dimensão do livro. Seria de bom alvitre, contudo, indicar que a semiótica já é aplicada à teoria do conhecimento e da ciência, à pedagogia e à didática, à estética, ao *design*, à lingüística, à literatura, ao cinema, ao teatro, às artes visuais (pintura, fotografia), à teoria do comércio, à medicina, à biologia, à imprensa etc., e que as contribuições atinentes foram publicadas sob forma de livros ou de artigos. Mesmo assim cumpriria lembrar que vários autores trabalham na fundação, isto é, na axiomatização da semiótica em si, bem como na matematização da semiótica (e mesmo, na semiotização da matemática). Em breve, publicar-se-á em Paris, em francês (Deledalle), uma exposição sobre a teoria de base de Peirce.

Tendo em vista que nessa nova disciplina tudo está ainda em movimento, causa espécie que a primeira edição deste texto se tenha esgotado de maneira relativamente rápida.

Agradeço à Editora por ter-me dado a possibilidade de publicar tão prontamente esta segunda edição.

Introdução

SÍNTESE DA HISTÓRIA DA SEMIÓTICA: DE PLATÃO À
ATUALIDADE

Quando trabalhamos num ramo da pesquisa relativamente pouco
conhecido e só há pouco redescoberto, cabe indagar por seus antece-
dentes e desenvolvimentos históricos. Em nosso âmbito cultural é cos-
tume repercorrer a história das ciências e da filosofia pelo menos a
partir da Antigüidade grega. Isso explica por que começar por aí uma
síntese histórica da semiótica.

A breve exposição que faremos sobre a história da pesquisa
semiótica tenciona sobretudo evidenciar a unidade de sua tematização
e, em grau menor, seus métodos ou resultados. Já que até agora ainda
não existe nenhuma "história da semiótica" e apenas muito por alto é
possível encontrarmos poucas e isoladas pesquisas históricas, dentro
do enquadramento deste livro só nos será possível expor as conexões
históricas, no que concerne aos autores, submetendo-as a uma rigorosa
seleção. Nela consideraremos principalmente aqueles autores cujos
estudos acerca do signo e da teoria dos signos não se tenham restringi-
do a realizações casuais, dentro de trabalhos maiores, mas aqueles para
quem a teoria dos signos assume um lugar importante no espaço de sua
obra total, embora sem ter recebido um tratamento acabado.

Pelo menos a partir de Aristóteles (384-322 a.C.) são conhecidos
os conceitos "doutrina dos signos", "teoria dos signos", isto é, "arte
dos signos" (*semeiotiké*), "estudiosos dos signos" (*semeiotikos*) e "signos" (*sema* ou *semion*), que também se pode denominar "característica", "marca", "distintivo", "cunho", "signo prodigioso" (*Wunder-
zeichen*), "indício", "sinal", "comando", "palavra de ordem", "verbo".

Conceitos ulteriores, tais como "designar", "ordenar", "dar sinal" (*semaino* ou *semeioo*) e "designante" ou "significante" (*semaitikós*), pertencem, obviamente, ao mesmo conjunto.

Na filosofia inglesa o conceito de "semiótica" foi novamente empregado com o sentido de "teoria dos signos" primeiramente por John Locke (1623-1704), conforme mostrou A. Sebeok. Na filosofia alemã, Johann Heinrich Lambert (1728-1777) usou o título "semiótica" em seu *Neuen Organon*, de 1764, para indicar o que ele chama de "conhecimento simbólico". Cumpre, entretanto, ressaltar que o termo "semiótica" nem sempre foi empregado, dando-se, desde os antigos gregos, preferência a expressões como "teoria dos signos", ou então, "arte dos signos", bem como "lógica" e também "dialética", para indicar esse campo de pesquisa. Em nossa síntese, não levaremos em consideração as contribuições da ciência da linguagem e da filosofia da linguagem para a semiótica, porque embora a linguagem tenha sido por elas ocasionalmente entendida como sistema de signos, nenhuma teoria geral dos signos foi a partir daí desenvolvida. Limitar-nos-emos a indicar alguns poucos filósofos da linguagem ou cientistas da linguagem. Exposições mais detalhadas da história da filosofia da linguagem podem ser encontradas em *Die Geschichte der Sprachphilosophie* [*A História da Filosofia da Linguagem*][1].

Se começarmos a síntese histórica com Heráclito (cerca de 544-483 a.C.), será preciso mencionar, antes de tudo, seu fragmento "Sobre o Logos". Distingue ele aí três partes constitutivas na formação de uma "unidade": o "logos", no sentido de afirmação acerca de um acontecimento, uma vez que possa este ser conhecido e afirmado, o "epos" no sentido do próprio acontecimento lingüístico, e o "ergon" no sentido de acontecimento empírico, ao qual "epos" se refere. Heráclito baseia-se na idéia de que o "logos" cria o "epos", que, por sua vez, designa o "ergon".

Quanto ao "nome" (*ónoma*), Heráclito pensa que este não pode ser falso. Quanto à "proposição", ao contrário do que farão os lógicos posteriores, ele não a entende como algo que seja verdadeiro ou falso, mas prefere considerá-la como modelo ou imagem de um estado de coisas e chama-a de "verdadeira" com o sentido de "semelhante". A determinação da essência do objeto, da palavra e do homem seria, segundo Heráclito, tema de pesquisas semióticas ulteriores.

Com base nessas poucas observações, já se torna claro que essa unidade de três partes caracteriza o que Heráclito chama de "signo". Mesmo quando no curso da história das investigações semióticas essa unidade tripartida foi ocasionalmente afastada, ela sempre volta a emergir como fundamental.

---

1. Eugenio Coseriu, vol. I, 1969; vol. II, 1972.

Em Heráclito, é notório a forte ligação entre a concepção do signo e a concepção da linguagem, isto é, a compreensão do signo, para ele, apóia-se na compreensão da linguagem, o que permanece como algo predominante também para Platão, Aristóteles e outros. Só Euclides (cerca de 300 a.c.) parece aqui constituir uma exceção. Em seus *Elementos*, as definições referem-se a figuras geométricas de tipo elementar, para as quais são válidas transformações – por exemplo, operações de sobreposição – visualmente perceptíveis. Com isso, Euclides introduz signos visuais perceptíveis e, a partir de sua geometria, o signo visual penetra não só na matemática mas na ciência em geral.

Na filosofia do barroco e, antes de tudo, na mística do barroco dos séculos XVI e XVII, como Dietrich Mahnke mostrou em *Unendliche Sphäre und Allmittelpunkt* [*Esfera Infinita e Centro do Universo*] (1939), as figuras elementares de Euclides passam a ter um significado inteiramente gnoseológico; mas também místico.

Platão (427-347) desenvolveu vários estudos semióticos no *Cratilo* e no *Sofista*. À semelhança de Heráclito, distingue ele três membros que pertencem a um todo: 1. o signo (*semeion*), 2. o significado do signo (*semainómenon*), 3. o objeto (*pragma*). Num longo trecho dedicado ao nome (*ónoma*) diz (e repete, mas também amplia a concepção de Heráclito):

> Nada há que me convença de que a exatidão do nome se assenta em outras coisas que não o acordo e a convenção. Isto é, a mim me parece que o nome que se dá a uma coisa é o correto; e se depois lhe pusermos outro deixando de usar o primeiro, não será o posterior menos correto que o primeiro, assim como ao trocarmos o nome dos nossos escravos não será o novo nome menos correto do que o anterior; visto que, por natureza, as coisas não possuem nenhum nome que lhes seja próprio, mas esse nome deriva do uso lingüístico e do hábito daqueles que se acostumaram a chamá-las assim [citado por Coseriu, I, p. 38].

Mesmo quando o nome não está definitivamente estabelecido, ele é arbitrariamente escolhido; deve sempre ser entendido como algo material, a que corresponde o significado como um "ser da coisa" não material; por exemplo, ao nome "árvore" corresponde "ser-árvore". Os signos lingüísticos são criados, segundo Platão, pela necessidade de "expressão", "ajuda" ou "comunicação", e a arbitrariedade da palavra não dificulta, obviamente, a clareza e a precisão do significado. Se a essência da língua reside no nosso entendimento acerca das coisas, então a linguagem sempre apronta, por meio de seus significados, para além do som das palavras, isto é, a verdade está na palavra quando esta exprime, indica ou diz [*bedeutet, andeutet, meint*] o sentido. E mesmo que a palavra como unidade formal seja casual, o "sentido" ou a "idéia", isto é, a "forma" é estável e eterna; porque a palavra fornece a "representação sensível do conceito". Com base no que foi dito, podemos, portanto, concluir que a linguagem é o veículo casual do pensamento verdadeiro.

Antes de Platão, já os sofistas falavam do caráter mimético ou convencional da linguagem, questionando vários problemas relativos à linguagem e aos signos. Perguntavam-se, por exemplo: "Palavra e realidade são idênticas ou diferentes?", "O som lingüístico reflete as coisas?", "Quem criou as línguas?", "Inventaram-se signos arbitrários para que as pessoas se entendessem a respeito das coisas?"

Segundo ressalta Coseriu (p. 40), a Platão importava prioritariamente determinar o "signo" de modo tal que entre o *semainon*, o signo como configuração material, o *semainómenon*, o ser do signo, e o "pragma", a coisa designada, se estabelecessem relações de tal tipo que o signo se referisse tanto ao "ser" como à coisa designada, mas, por outro lado, que também se pudesse estabelecer uma relação entre o ser e a coisa designada e entre a coisa designada e o signo. Portanto, Platão parece possuir a idéia de um vínculo triádico (para não dizer, de uma relação triádica) com referência ao signo, o que coincide com a concepção de Peirce.

Aristóteles desenvolve reflexões semióticas principalmente em sua lógica, na parte que mais tarde se chamou *Organon*, e aí, em especial na seção que trata das "Categorias", bem como na "Teoria da Proposição" (*De Interpretatione*); essas reflexões vêm acompanhadas de estudos lógicos e ontológicos ou acham-se neles contidas.

Nas "Categorias", Aristóteles parte da determinação dos nomes relativamente às coisas que eles designam, e distingue homônimos, sinônimos, metônimos e parônimos. Acerca das "palavras", afirma: "As palavras são ditas em conexão ou sem conexão; em conexão, por exemplo, as palavras: o homem corre, o homem vence; sem conexão, por exemplo, as palavras: homem, boi, corre, vence".

Conexão e separação, isto é, síntese e análise de palavras levam à diferenciação entre sujeito e predicado, de que se compõe a proposição, e daí, além do mais a distinção de dez *categorias*, porque: "Cada palavra dita sem conexão designa uma substância ou uma quantidade ou uma qualidade ou uma relação com uma 'paixão' ". Antes de enunciar as categorias, Aristóteles, porém, adverte:

> Cada um dos conceitos mencionados não contém em si e por si nenhuma afirmação ou negação, mas, ao contrário, a afirmação e a negação só ocorrem mediante suas conexões. Porque toda afirmação e toda negação ou é verdadeira ou é falsa. Isso, porém, não pode valer para as palavras ditas sem conexão.

Com essa observação ele supera Platão; porque restringe verdade e falsidade às proposições, isto é, a determinadas conexões de palavras. Daí porque as palavras sem conexão não são nem verdadeiras nem falsas.

Aristóteles fala, entretanto, com maior clareza na "Teoria da Proposição", sobre o nome e o verbo, a negação e a afirmação, a asserção e o discurso no sentido de suas características semióticas. Estabelece, assim, desde o início, por exemplo, que os sons são "signos das representações produzidas na alma", que a escrita é "signo do som" e que, embora sons e escrita sejam diferentes em povos diferentes, o que é indicado por meio deles, isto é, as "representações simples da alma", são as mesmas em todos os homens, sendo também as mesmas "as coisas, cujas imagens são as representações". Com isso, Aristóteles introduziu o signo como algo que consiste em "som" (ou escrita), "representação" e "coisa", o que corresponde à concepção platônica do signo como uma relação entre "signo", "ser do signo" e "coisa designada", representando, de novo, uma relação triádica. Em lugar de verdadeiro ou falso, Aristóteles caracteriza o nome como um "som" que "significa" algo de modo convencional, isto é, que "nenhum nome chega a ser nome por sua própria natureza, mas só se torna nome depois de convertido em signo". O nome "saúde" confronta-se, por exemplo, com o verbo "está são", mas essa distinção só é interessante na proposição, na qual o verbo serve para dizer algo a respeito do nome; visto que, tomados isoladamente, os verbos também são nomes e "designam algo", mas não ainda "se o designado é ou não é". O discurso, como o nome, designa algo, e de novo, certamente de modo convencional, porém nem todo discurso "afirma algo", e sim apenas aquele que pode ser julgado como verdadeiro ou falso; não, por exemplo, o "pedido".

Dizer que a "afirmação" é uma asserção que adjudica algo a alguma coisa e a "negação" uma asserção que nega algo a alguma coisa transfere a pesquisa para as discussões de lógica pura e, precisamente, de lógica das classes, dentre as quais nos parece ainda importante a observação de que o "é", em "o homem é justo", seja ele denominado nome ou verbo, "aparece como a terceira parte constitutiva da afirmação". Assim sendo, a proposição consiste não apenas de sujeito e predicado, ou seja, nome e verbo, mas também de sujeito, predicado e cópula, e assim, novamente, representa uma relação triádica.

Aristóteles considerou suas categorias como formas de asserção ou "predicados", os quais ao mesmo tempo determinam, isto é, fundamentam a "forma das coisas". Sem essas categorias, não haveria a possibilidade de diferenciar as palavras nem de classificar as coisas, que são, por intermédio delas, designadas. As categorias que Aristóteles, segundo opinião de Kant, se limitou a coligir "tais como se lhe apresentaram", desenvolveram-se, entretanto, a partir da própria linguagem e são "formas gramaticais", necessárias tanto à ontologia quanto à lógica. Veremos que, ainda atualmente, as categorias são indispensáveis não só para a ontologia e para a lógica como também para a semiótica, quando se quer fundamentar unitariamente essas disciplinas.

Não me é possível, nesta síntese, aprofundar-me sobre outras contribuições de Aristóteles para a semiótica, como por exemplo as contidas em sua *Poética*. Daí porque seu conceito de "mimese", importante não apenas para a estética mas também para a semiótica, só pode ser aqui citado e não discutido.

Sexto Empírico (200-250), que em sua obra *Adversus Mathematicos* se refere à teoria dos signos dos estóicos, nutria a concepção de que no signo lingüístico (*lexis, logos*) se interligam três elementos: 1. o designado (*semainómenon*) ou a coisa, 2. o designante (*semeion*) ou a imagem sonora, e 3. o objeto (*pragma, tynchánon*) ou o que existe fora de nós. Dados materiais são a imagem sonora e o objeto; dado imaterial é a coisa designada ou asseverada, a qual pode ser verdadeira ou falsa. Exposição mais pormenorizada pode ser encontrada em *Sprachwissenschaft: Antike bis Gegenwart* [*Ciência da Linguagem: Da Antigüidade ao Momento Presente*][2].

Santo Agostinho (354-430) discorre amplamente sobre os signos, isto é, sobre semiótica, em diversos pontos de sua obra; em *De Magistro*, por exemplo, cuja primeira parte é dedicada à filosofia da linguagem e à semiótica, e em *De Confessione*. Ludwig Wittgenstein (1898-1951) cita em suas *Philosophischen Untersuchungen* [*Investigações Filosóficas*], publicadas em 1953, uma passagem de Santo Agostinho que será aqui reproduzida porque oferece uma concepção do signo e da linguagem mais ampla do que a de seus predecessores, visto que Santo Agostinho não restringe o signo apenas ao signo verbal, lingüístico, mas também considera como signos os gestos, o som da voz, o movimento dos membros etc. Considerando-se que uma semiótica como teoria geral dos signos deveria levar em conta todas as possíveis espécies de signos, as explanações de Santo Agostinho correspondem exatamente a essa exigência do conceito geral de signo. Diz Santo Agostinho no trecho referido:

> Se os adultos nomeavam um objeto qualquer e voltavam-se na direção dele, eu percebia isso e compreendia que o objeto era designado pela palavra que eles pronunciavam, porque eles queriam *indicá-lo*. Mas isso eu supunha com base em seus gestos, linguagem natural de todos os povos, linguagem que, mediante caretas e olhares, por intermédio do movimento dos membros e do som da voz, mostra as sensações da alma quando esta deseja, acolhe, rechaça ou recusa algo. Assim aprendi a compreender, pouco a pouco, que coisas as palavras designavam, palavras que eu, repetidas vezes, ouvira pronunciar em determinados lugares, em diferentes frases. E quando minha boca se habituou a esses signos, por meio deles passei a expressar os meus desejos.

Gostaria, todavia, de assinalar que, em Santo Agostinho, o "eu" ou a alma se apresenta como algo concreto, que deseja, acolhe, rechaça ou recusa; em troca, aparece o abstrato "compreender" (*nóema*) de Aristóteles, e por meio dele se propõe uma unidade tripartida de "eu", "coisa" e "palavra" (isto é, proposição), quando falamos de um signo. A enfatização do "eu" em relação ao uso dos signos nós a encontramos

2. Hans Arens, 1969.

em Descartes (1596-1650), nas *Regras para a Direção do Espírito* e, mais tarde, sobretudo em Edmund Husserl, em especial nas suas *Logischen Untersuchungen [Investigações Lógicas]*[3]. Ele considera o eu (ego) e a consciência como último fundamento visível (evidente) de todas as coisas, de todas as ciências e da filosofia.

A João Duns Escoto (cerca de 1270-1308) atribuiu-se falsamente um famoso e breve escrito, inserido em suas obras completas: *De Modis Significandi, Sive Grammatica Speculativa*, surgido em 1293 e republicado em Roma, em 1902. Sabemos agora que esse texto pertence a Tomás de Erfurt (primeira metade do século XIV).

Distingue ali o autor três "modos de designação": 1. o *modus significandi*, 2. o *modus intelligendi* e 3. o *modus essendi*. O objeto (o ente) é determinado por intermédio do conhecimento ou por este formado. Dessa maneira passa o objeto a ser conhecido. O juízo (a proposição) é uma imagem complexa (*complexum*), que se fragmenta em conceitos que não são complexos, mas simples. O juízo é um todo articulado, cujas partes constitutivas (*extrema*) estão reunidas pela relação (*nota compositionis, "est"*).

"O homem como ser social está em relação com outros, e deve fazer-se entender. O meio de expressão deve estar vinculado ao sentido." Isto é, as imagens lingüísticas são portadoras de significados (e por isso são signos para objetos) que podem ser comunicados a outras pessoas. Aqui se enfatiza explicitamente a função de comunicação do signo. Mas Tomás de Erfurt também distingue um aspecto gramatical, lógico e objetivo do signo lingüístico. É em primeiro lugar por intermédio do signo que algo se torna objetivo para a consciência; pois o signo indica outro objeto por intermédio do qual ele próprio possui um caráter indicativo, algo relacional. O signo é o fundamento da consciência, e como tal é dado de modo visual, acústico ou de algum outro modo sensível. O "significado" não assevera nada sobre um objeto, mas apresenta-o, uma vez que ele mostra, por exemplo, *o que é* uma árvore e não *que ela é*. Tomás de Erfurt é, portanto, um dos primeiros a se perguntar o que deve a linguagem fornecer e, com isso, introduz um princípio teleológico (orientado para uma meta) da linguagem. Sua dissertação está estruturada corretamente e foi expressamente concebida dentro da perspectiva semiótica; poderíamos dizer que ela representa um "manual de semiótica", ainda que o título "semiótica" não seja empregado.

Em sua *Summa Totius Logicae* (surgida em 1488), Guilherme de Ockham (1290-1349) apresenta a lógica como uma "ciência dos signos". Para Ockham só havia "puros signos" (conceitos gerais, termos, universais) no sentido de puros nomes, os quais, embora se refiram a coisas, não possuem nenhuma realidade autônoma. Até no espírito de

3. Vol. 2, 1901.

Deus, os "universais" ou "signos" não existiram *ante res*, isto é, "antes das coisas", ou seja, independentemente das coisas. A lógica de Ockham é nominalista na mesma linha em que, também hoje, muitos lógicos, matemáticos e cientistas se consideram nominalistas.

Francis Bacon (1561-1626) levou a cabo meticulosas reflexões semióticas em dois de seus escritos, a saber, em *De Dignitate et Augmentis Scientiarum* [*Sobre a Dignidade e o Progresso das Ciências*], de 1605 (publicado em inglês em 1623 e em alemão em 1783), e no *Novum Organum Scientiarum* [*Novo Tratado das Ciências*], de 1620 (editado em alemão como *Neues Organum* em 1870). Gerald Eberlein ressaltou sobretudo a importância do primeiro deles, no qual Bacon distingue a *grammatica*, como "órgão do discurso", da *rethorica,* como método do discurso". Relaciona com a gramática tudo o que "pode tornar-se veículo para a comunicação dos pensamentos de um homem para outro", como, por exemplo, hieróglifos, gestos, que apresentam uma semelhança com a coisa designada, e caracteres concretos, que o uso fará compatíveis, como as palavras e as letras da escrita.

Por outro lado, Bacon descobriu um "código binário", no qual todas a letras do alfabeto podiam expressar-se por meio de apenas dois signos, isto é, das letras a e b: A = aaaaa, B = aaaab, C = aaaba, e assim sucessivamente. Com isso desenvolveu, de maneira coerente, concepções da teoria moderna da informação, mesmo antes de Leibniz, que desenvolveu baseando-se na antiga matemática chinesa, um código binário com 0 e 1, como o que atualmente se usa nas máquinas processadoras de dados.

Um aspecto interessante em Bacon está no fato de ele preferir comunicar o conhecimento por meio de "aforismos", que, por sua brevidade, representam uma novidade estimulante para o pensamento, ao invés de recorrer a uma transmissão metódica, porque esta favorece a desatenção. No *Novum Organum*, sob a ponto de vista atual, é particularmente interessante a seguinte tese:

> Tudo o que permite diferenciações que sejam numerosas o suficiente para expressar a multiplicidade dos conceitos, desde que as distinções sejam perceptíveis pelos sentidos, pode constituir-se em veículo das representações de um homem para outro homem.

Tese que nos parece bastante técnica, visto que mesmo nas máquinas processadoras de dados o problema do "reconhecimento de signos" por intermédio das máquinas desempenha papel muito importante (ver Steinbuch). Vale lembrar, nesse contexto, o problema da legibilidade dos escritos, que, sobretudo a partir de Gutenberg (cerca de 1400-1468) continua sendo discutido, de um lado em relação à forma da escrita ou tipografia como um problema estético, mas do outro, também em relação à recepção ou percepção por parte de um leitor, o que já há alguns anos é pesquisado com os métodos da psicologia da informação (Helmar Frank, entre outros).

As opiniões de Bacon como cientista da natureza ou filósofo da natureza, que distingue entre palavra, designado e sentido da proposição (ou seja, o signo), assemelham-se, de certa maneira, às de Peirce, quando escreve:

> As grandes e solenes discussões dos eruditos terminam amiúde em disputa sobre a palavra e o nome, ao passo que, segundo os sensatos procedimentos do matemáticos, teria sido mais aconselhável começar pelos nomes e esclarecê-los por meio de definições[...] Essas definições consistem, elas próprias, de palavras, e as palavras geram palavras, de tal modo que se torna necessário, nos casos isolares, repercorrer sua seqüência e ordem.

Será exatamente sobre esta última observação que ainda nos deteremos mais adiante.

A lingüística moderna aproveitou diversas idéias expostas na *Gramática de Port-Royal*. A tarefa da gramática, aí definida, tem uma relação com a semiótica: "A gramática é a arte do falar. Falar que dizer expor os próprios pensamentos por meio de signos, inventados pelos homens para esse fim".

Antoine Arnauld (1612-1694), co-autor tanto da *Gramática de Port-Royal* como da famosa *Lógica de Port-Royal* (1622), tem uma participação primeira linha em ambas as obras.

Uma distinção que sempre retorna na história da semiótica até Ch. W. Morris, e que foi proposta na *Lógica de Port-Royal*, diz respeito aos conceitos de "sinal" e "signo", chamando-se "sinal" um signo que "não é realizado por homens", por exemplo, a respiração dos animais. Esses "signos naturais", chamados de sinais, distinguem-se das palavras, que são signos substitutos dos pensamentos, e dos símbolos, que – como arca, pomba, templo etc. – estão em lugar de outra coisa e são denominados "signos artificiais".

Quando Arnauld opina que um signo sempre contém duas idéias: 1. a idéia da coisa que representa e 2. a idéia da coisa que é representada, e quando define a essência do signo de tal modo que a segunda seja lembrada por meio da primeira, estamos aqui evidentemente falando de uma bipartição do signo.

Mas numa carta de Arnauld a Pierre Nicole (1625-1695), outro colaborador da *Lógica de Port-Royal*, lê-se o seguinte:

> As palavras "representar" e "representativo" correspondem fundamentalmente, em primeiro lugar, à representação formal que só se encontra em nossas percepções. E só em relação a nossas percepções, as imagens, as representações, as palavras, a escrita e todos os outros signos – sejam naturais ou artificiais – são designados como "representantes" ou "representados" [Carta de 17.4.1684].

É evidente que, para Arnauld, ao lado do signo, que está em lugar de uma coisa, isto é, ao lado da função de designação, o signo só representa se referido à percepção. Três elementos devem, então, ser considerados: 1. o signo, 2. a coisa e 3. a percepção, que, no entanto, não vem indicada como terceiro elemento, contrariando a devida coerência.

No terceiro e quarto livro de sua obra, *An Essay concerning Human Understanding* (1690), John Locke (1632-1704) trata quase que exclusivamente de temas semióticos, visto que no terceiro livro, *Das Palavras*, as palavras são estudadas detidamente como "signos que fixam e comunicam nossos conhecimentos" e, no quarto livro, *Sobre o Saber e a Verossimilhança*, são discutidos a representabilidade do saber e o grau de verdade do mesmo, tal como podem ser formulados na linguagem. Na conclusão de sua obra, Locke propõe uma interessante "subdivisão das ciências" em: 1. física, 2. prática e 3. semiótica. Introduz aqui o conceito "semiótica" explicitamente como um dos três modos das ciências, pelos quais se podem distribuir todas as ciências e, a propósito, declara:

Talvez possamos designar o terceiro domínio como *semeiotiké* ou como a ciência dos signos. E por ser a palavra, dentre estes, o mais importante, esse campo do saber também é denominado, acertadamente, *logiké*, lógica. Sua tarefa consiste em investigar a natureza do signo que o espírito emprega para conseguir compreender as coisas ou para comunicar a outros seu saber. Porque, das coisas que o espírito considera, nenhuma está presente ao intelecto – exceto ele mesmo. Por isso é necessário que ele tenha à disposição outra coisa que não signos ou substitutos, e essa outra coisa são as idéias. Ora, o palco das idéias, que significa o mundo dos pensamentos de um homem, não pode revelar-se de imediato ante o olhar de outro. Ao mesmo tempo, não pode ser guardado em outro lugar senão na memória; lugar, porém, de modo algum particularmente confiável. Por isso são necessários determinados signos, não só para o intercâmbio de nossos pensamentos com os demais, mas também para seu registro para nosso próprio uso. Ora, esses signos, que surgiram com fim de servir a um objetivo determinado e assim passaram a ser empregados de maneira geral, são sons articulados. Daí porque a consideração das idéias e palavras como meio principal de auxílio para o conhecimento constitui uma parte nada desprezível das reflexões de quem queira observar em toda a sua extensão o conhecimento humano. Se as tivéssemos ponderado a fundo e investigado adequadamente, talvez nos tivessem elas fornecido outro tipo de lógica e de crítica que não o que até agora nos foi dado conhecer.

Esta me parece ser a primeira, mais geral e ao mesmo tempo natural subdivisão dos objetos de nosso intelecto. Visto que não podemos ocupar o próprio pensamento senão ou com a consideração das coisas mesmas, para averiguar a verdade, ou com as coisas que estão em nosso próprio poder, isto é, com nossas ações, para alcançar nossos objetivos, ou com os signos que o espírito em ambos os casos emprega para instuir-se mais esclarecidamente mediante seu ordenamento correto [...] [Ph. B. 76, S. 438/439].

A pesquisa semiótica deve a Gottfried Wilhelm Leibniz (1646-1716) grande número de ensaios, esboços e fragmentos sobre gramática, lógica, filosofia da linguagem, etimologia, teoria do conhecimento e teoria da ciência que culminam na distinção de pelo menos três ramos essenciais da pesquisa semiótica: 1. a *ars characteristica*; 2. a *ars combinatoria* e 3. a *ars inveniendi*; isto é – como posteriormente fez-se hábito dizer –, a teoria dos signos compõe-se de uma "arte dos signos", de uma "arte da conexão dos signos" e de uma "arte da invenção".

Por outro lado, Leibniz, como Locke, subdivide a ciência em "três disciplinas": 1. física, ou filosofia da natureza, 2. filosofia prática, ou moral, 3. lógica, ou conhecimento dos signos; "visto que *logos* significa *palavra*. Isto é, temos necessidade de signos das nossas idéias não só para comunicar nossos pensamentos a outros, mas também para ordená-los com clareza para nosso próprio uso". Porém a esse ordenamento também corresponde, segundo Leibniz, a divisão em: 1. ciência sintética ou teorética, 2. ciência analítica ou prática e 3. repertório. O que ele explica da seguinte maneira:

> Se considero agora esses três ordenamentos, neles então encontrarei o fato notável de corresponderem à antiga subdivisão por Sua Senhoria [refere-se a Locke] renovada e segundo a qual a ciência ou filosofia se fragmenta em teorética, prática e discursiva, ou também em física, moral e lógica. Visto que o ordenamento sintético corresponde à teoria, o analítico à práxis, e o ordenamento segundo os termos, como nos repertórios, à lógica [....].

Essas proposições concluem a *Teodicéia*, a mais famosa obra de Leibniz, por ele mesmo considerada como um comentário e uma crítica ao *Essay concerning Human Understanding*, de John Locke, e que veio à luz em 1765, com o título *Nouveaux essais sur l' entendement humain*, tornando-se acessível na tradução alemã apenas em 1873, como *Neue Abhandlungen über den menschlichen Verstand*. Sobretudo o seu terceiro livro, *Das Palavras*, é importante sob o ponto de vista semiótico, embora fique claro que Leibniz tratava principalmente de signos verbais, pois a seu ver, só o homem está em condições de servir-se de sons "como signos de seus pensamentos íntimos, para poder por meio deles comunicá-los a outros". Isso, no entanto, não quer dizer que comuniquemos apenas os nossos "pensamentos íntimos", porque

> os caracteres são determinadas coisas por meio das quais se expressam as relações com outros objetivos, e cuja manipulação é mais fácil do que a daqueles mesmos objetos. Daí o fato de cada operação empreendida com os caracteres corresponder a alguma afirmação sobre os objetos, possibilitando-nos, amiúde, postergar até o final da investigação a consideração dos próprios objetos.

Torna-se, por conseguinte, evidente que os caracteres ou signos estão em lugar de outros objetos, mas que eles próprios são de natureza material, de tal maneira que se podem empreender operações sobre eles.

Mas não há apenas uma relação entre signos e objetos por eles substituídos; cumpre igualmente considerar uma conexão dos signos entre eles, isto é, ao lado da "teoria dos signos" há que considerar uma "teoria da conexão dos signos". Vem ela expressa com especial clareza no seguinte parágrafo:

> Penso agora que os caracteres, quando empregados na demonstração, devem mostrar alguma conexão, articulação e ordenamento, tal como sucede com os objetos, e que isso é necessário, se não nas palavras isoladas – embora fosse isso melhor –, pelo menos em sua associação e conexão. Esse ordenamento e essa correspondência, devo encontrá-los em todas as línguas, embora de diferentes maneiras [...] Visto que, embora os caracteres como tais sejam arbitrários, ocorre algo em seu emprego e conexão que, todavia, já não é arbitrário: a saber, um relacionamento que subsiste entre eles e as coisas, e com isso também determinadas relações entre todos os diferentes caracteres que servem para exprimir as mesmas coisas. E esse relacionamento, essa relação é o fundamento da verdade. Porque ele é a causa de que, quer usemos estes ou outros caracteres, o resultado seja sempre o mesmo, ou pelo menos que os resultados por nós obtidos sejam equivalentes e correspondam-se uns aos outros numa certa medida. Sempre, porém, necessitamos de caracteres, quaisquer que sejam eles, para pensar [*Escritos Matemáticos*, vol. II, parte 1].

Pena que não possamos entrar aqui em particularidades, embora muitas delas não só sejam interessantes no âmbito das investigações leibnizianas, mas conservem-se válidas ainda hoje e coincidam com muitas reflexões de Peirce.

Sobre a aptidão dos signos para a "descoberta de novas verdades", isto é, sobre sua *ars inveniendi*, registre-se, porém, esta breve citação:

> No que diz respeito aos signos, há que atentar para sua aptidão para as descobertas. Esta última é máxima quando os signos representam a essência das coisas em expressões curtas e de modo semelhante; porque assim o trabalho do pensamento se reduz a um mínimo surpreendente [*Escritos Matemáticos*, vol. I, parte 4].

Leibniz não pensava aqui em cálculo no sentido de fórmula vazia, e é isso o que mostra Hellmuth Kneser num artigo em que cita a posição de rejeição por parte de Gauss em relação ao cálculo:

> É próprio da matemática nos novos tempos (ao contrário do que ocorreu na Antigüidade) achar que através da nossa linguagem de signos e da denominação, possuímos uma ferramenta que nos possibilita reduzir as argumentações intrincadas a um determinado mecanismo. Isso enriqueceu consideravelmente a ciência, mas também fez com que ela perdesse muito de sua beleza e solidez, dada a maneira com que habitualmente se trata o assunto. Mui amiúde é essa ferramenta empregada mecanicamente, mesmo que na maioria dos casos a autorização para isso implique determinados pressupostos implícitos. Proponho que em todos os usos do cálculo, em todos os empregos dos conceitos, sempre nos mantenhamos conscientes das condições originais e jamais consideremos todos os produtos do mecanismo como objetos de posse que prescindam de uma clara autorização.

Assim como Leibniz desenvolveu a teoria dos signos e a teoria das relações dos signos por meio de uma "arte da invenção", também Christian Wolff (1679-1754) distinguiu esses três domínios. Wolff valorizou sobretudo a álgebra, considerando-a como algo superior, porque um indivíduo poderia "através dela descobrir por si mesmo verdades matemáticas" e porque seria "a maneira mais completa de raciocinar". Visto que ela experimentaria os conceitos das coisas por intermédio de signos e transformaria as conclusões numa "maneira fácil de unir os signos uns com os outros e separá-los".

Esta é a definição geral do signo que nos dá Wolff: "Um signo é uma coisa com base na qual posso conhecer o presente ou o futuro de outra coisa". Subdivide os signos em: 1. *signa demonstrativa* (signos representativos), 2. *signa prognostica* (signos indicativos), 3. *signa rememorativa* (signos rememorativos). Distingue, ademais, os "signa primitiva" (signos originais) dos "signa derivata" (signos derivados), bem como os signos naturais e os signos artificiais. Segundo Wolff, os signos servem: 1. para abreviar, 2. para conservar em segredo, 3. para a representação exata e 4. para a invenção. Suas principais considerações sobre semiótica encontram-se em *Vernünftige Gedanken von Gott, der Welt und der Seele des Menschen* [*Pensamentos Sensatos sobre Deus, o Mundo e a Alma dos Homens*] 1719 (em especial o parágrafo 291 e ss.) e em *Philosophia Prima Sive Ontologica*, 1730, na qual, na segunda parte, um capítulo é entitulado "De Signo".

Samuel Reimarus (1694-1768) recolhe em seu *Vernunftlehre* [*Teoria da Razão*] (1756) a idéia de seus predecessores, Wolff e Leibniz, mas é de opinião que o individual não se deixa apreender por signos abstratos. Diz ele:

Fora da matemática, a arte dos signos experimenta dificuldades ainda maiores. De fato, sendo os conceitos simples infinitamente múltiplos, e a essência, as propriedades e as causas das coisas, na maioria das vezes, desconhecidas, dificilmente se deixam estabelecer tantos e tão determinados signos das coisas em lugar das próprias coisas, com o que se poderia estabelecer a verdade com tanta segurança como é possível calcular a dimensão e o número com a mera comparação dos signos. Por isso creio que a arte geral dos signos de Leibniz, por cujo intermédio podemos tão seguramente encontrar a verdade como encontramos a solução na arte do cálculo, embora tenha sido um grande pensamento do homem, para nós, seres humanos, é apenas grande em demasia.

Naturalmente, Leibniz leva em conta que "dois indivíduos reais e completos do mesmo tipo" nunca podem ser completamente iguais, e que cada individualidade "encerra em si o infinito". Mas para caracterizar um indivíduo não basta mais que um traço especial pelo qual é reconhecido, assim como identificamos "Hércules pela marca do pé" ou reconhecemos, segundo o provérbio latino, "o leão por suas garras". Isto é, embora os próprios signos sejam universais e não se refiram a coisas individuais, ainda assim uma língua que consistisse apenas de nomes próprios seria impossível. Leibniz, inclusive, é de opinião, por ele minuciosamente justificada, que "todos os nomes próprios ou as designações individuais tenham sido, originalmente, *appellativa*, ou seja, palavras gerais".

Denis Diderot (1713-1784) fez, na *Encyclopédie* por ele editada a partir de 1751, dentro dos verbetes "Encyclopédie" e "Signe", diversas referências sobre signo, teoria do signo, língua, estilo etc. Sua definição de signo coincide quase literalmente com a da *Logik von Port-Royal* [*Lógica de Port-Royal*], pois diz: "O signo encerra duas idéias: uma, da coisa que representa; a outra, da coisa representada, e sua natureza consiste em revocar a segunda por intermédio da primeira". Por outro lado, a "teoria dos signos" denomina-se, para ele, *seméiotique*, e, ao que parece, é ele um dos primeiros a empregar esse conceito na França. Como criador da enciclopédia, Diderot estava interessado, obviamente, na língua em geral, mas particularmente na "arte da comunicação das idéias através da figuração de objetos por meio da língua ou da pintura". No seu entender, se a língua dava expressão aos processos, já a pintura fazia o mesmo mas com a situação momentânea, devendo tanto a linguagem quanto o desenho ser utilizados para a representação de máquinas, edifícios, em suma, de tudo o que se torna claramente reconhecível mediante uma representação figurativa.

Segundo Diderot, a teoria dos signos depende estreitamente da teoria das coisas, mas quando há uma clara correspondência entre as idéias, também deve ser possível encontrar um "alfabeto racional", devendo igualmente serem determináveis o significado das palavras, a ortografia, a pontuação, os acentos e a quantidade das sílabas. Numa enciclopédia, onde se dá ênfase não só a uma representação racional mas também ao gosto e ao estilo, a gramática geral é, certamente, unificante como regra, mas as "oscilações da arte da linguagem", que, segundo Diderot, não deveriam ser menosprezadas, abarcam, junto à gramática, também a analogia e a etimologia. Também os sinônimos desempenham uma função importante no tocante à representação vívida de uma coisa.

Visto que o conhecimento da língua é um pressuposto do nosso saber, são possíveis, por seu intermédio, conexões de pensamentos, observações e experiências com os de outras pessoas, e, com base nas gramáticas e nos dicionários, segundo Diderot, é possível coligirmos a capacidade de rendimento do gênero em cada campo.

Por outro lado, é interessante tudo o que Diderot expõe acerca de uma elaboração eficaz dos conhecimentos representados de modo lingüístico ou figurativo e que ele enumera para a arte da linguagem ou, em geral, para a retórica; porque, por um lado, as representações devem informar e, pelo outro, proporcionar fruição, isto é, devem ser atraentes, interessantes, agradáveis e facilmente compreensíveis. Numa enciclopédia, o emprego de uma representação deve estar sempre presente como objetivo, do contrário ela se torna entediante, seca e meramente didática. É evidente que Diderot considerava a eficácia dos signos sobre seus possíveis leitores no sentido de uma semiótica aplicada. Depois de Alexander G. Baumgarten (1714-1762), que subdividiu a *ars characteristica* em três campos: 1. heurística, ou arte da invenção, 2. combinatória, ou arte da conexão e 3. hermenêutica, ou arte da explicação, e isso tanto em sua *Metaphisica* (1739) como na *Aesthetica* (vol. I, 1750; vol. II, 1758), é Johann Heinrich Lambert (1728-1777) que assume um importante lugar na história da semiótica. Em sua obra *Neues Organon oder Gedanken über die Erforschung und Bezeichnung des Wahren und dessen Unterscheidung von Irrthum und Schein* [*Novo Tratado ou Pensamentos sobre a Investigação e Indicação da Verdade e sua Distinção em Relação ao Erro e à Aparência*], de 1764, o segundo tomo tem como título *Semiotik oder Lehre von der Bezeichung der Gedanken und Dinge* [*Semiótica ou Teoria da Designação dos Pensamentos e das Coisas*]. Eis o que dizem as primeiras proposições dessa semiótica:

A consideração exata das palavras e em geral de cada signo mediante o qual representamos conceitos e coisas torna-se, por muitos motivos, necessária para um filósofo que busca distinguir o verdadeiro do falso, e tampouco pode faltar numa ciência dos fundamentos.

Como um fio vermelho estende-se pela obra inteira a formulação: "Reduzir a teoria das coisas à teoria dos signos". Como já foi exposto, isso pode ocorrer de múltiplas maneiras.

Segundo Lambert, os signos não são apenas signos lingüísticos. Diz ele:

As sensações que estão sobretudo em nosso poder são os movimentos do corpo, as figuras ou os desenhos e os sons articulados. Empregamos realmente esses três como signos dos pensamentos, cujas sensações não podemos continuamente renovar. Lembra, a propósito, os "gestos", a "escrita chinesa" e os "hieróglifos", os signos da astronomia, da química, da álgebra, da música, da coreografia etc., e finalmente as letras como signos dos sons articulados, as palavras escritas e o discurso, coisas todas elas que encontram emprego como signos. Dá explicações precisas sobre diversos sistemas de signos, começando com as notações da música, da coreografia, da teoria racional com suas palavras para os silogismos simples (como Barbara etc.), o calendário, a designação dos ventos, os signos dos silogismos, os signos químicos e astronômicos, os signos para os graus de parentesco nas árvores genealógicas ou de linhagem, e mais os símbolos e emblemas tais como os hieróglifos egípcios, o sistema numérico decimal e binário, em que sobretudo este último é capaz de realizar por seu intermédio todos os cálculos, e isso de maneira tão mecânica que pode na verdade ser efetuado também por meio de máquinas.

Mas é na álgebra que Lambert vê o "modelo completo da característica". Como arte dos signos, a álgebra tem "sua própria teoria, a qual jamais vamos poder exercitar suficientemente". Se a arte geral dos signos deve ser concebida, precisamente por meio da considera-ção da álgebra, também como uma arte da conexão dos signos, então essa arte da conexão dos signos diz respeito "às relações gerais dos conceitos, das proposições e, em geral, da cada verdade".

Como formas ulteriores de signos, ele lembra: os signos da arte poética, que representam a forma dos versos, a heráldica, os mapas geográficos, os signos da botânica, e mais os "signos naturais" como indícios e os "signos arbitrários", por exemplo, dos cerimoniais, do toque dos sinos, das janelas, do acenar, do ameaçar etc.

Lambert também distingue, porém, os signos da imitação e da sim-ples imagem da coisa e lembra, a propósito, o retrato, o símbolo, a metáfora etc. A essas reflexões gerais juntam-se exposições sobre uma língua universal e uma gramática universal, que começa pelos sons e pelas sílabas e compreende criptografia e cifras, arte da decifração e estenografia, caligrafia, ortografia, pronúncia, ordem na escrita, acen-tos e entonações. Naturalmente, a própria língua é considerada como signo e não se limita somente à gramática, de modo que ele pode dizer "que a língua se amplia com o conhecimento e é sempre aproximada-mente da mesma extensão".

Continuamente Lambert sublinha a diferença entre "mundo inte-lectual" e "mundo corpóreo" e suas exposições sobre a língua como signo incluem ambos os mundos.

Revestem-se para Lambert de particular importância as conjunções que "não são miudezas, mas obras-primas da língua, pois propiciam, num modo brevíssimo de elocução, compreensão, determinação e conexão"; e uma "língua culta deve possuí-las em quantidade", porque elas "repre-sentam conceitos de conexão do discurso, que, num conhecimento douto e científico, constituem o fundamento, o princípio e o fim". Chega, assim, Lambert a exposições sobre a conexão das palavras ou sintaxe, sobre a ordem e a construção na língua e, com isso, à "arte da conexão dos sig-nos", que, antes tudo, depende de regras, sem as quais é impossível ter-mos alguma ordem e construção. Ao lado da sintaxe e da pesquisa sobre as palavras, fala ele da "modalidade de uma língua" que a diferencia das outras línguas, e do "hipotético da língua".

Obviamente, tais indicações não são suficientes para dar uma idéia da sutileza e riqueza do livro de Lambert sobre semiótica; essa obra deve, realmente, ser considerada como um manual da teoria geral dos signos e assume, no âmbito de seu *Neuen Organon*, lugar importante e autônomo.

Freqüentemente no transcurso de sua história, investigações semióticas foram levadas a efeito juntamente a pesquisas estéticas, tanto em Baumgarten, segundo já dissemos, quanto em Gian Battista Vico (1668-1774) e em Moses Mendelssohn (1729-1786). Em sua obra *Betrachtungen über die Quellen und die Verbindungen der schönen Künste und Wissenschaften* [*Considerações sobre as Fontes e Rela-ções da Belas-Artes e as Ciências*], este último propõe investigações acerca da natureza e das funções dos signos, visto que estes seriam um fundamento da "teoria do belo" e teriam valor para todas as "belas ciências e artes". Às "belas ciências", Mendelssohn adscreve a arte poética e a retórica; às "belas-artes", a pintura, a escultura, a arquitetura, a música e a dança. Gotthold Ephraim Lessing (1729-1781) sublinha no *Laocoonte*, antes de tudo, a diferença entre "fábula" e "emblema", isto é, entre poesia e pintura, ao mesmo tempo em que fala – como já o fizera, antes dele, Diderot – do suceder-se ou da *sucessão* e do justapor-se, ou da *coexistência* dos signos.

Assim escreve ele no parágrafo 26:

> Se é verdade que a pintura emprega, para suas limitações, meios ou signos inteiramente distintos dos da poesia, isto é, lida com figuras e cores no espaço ao passo que esta lida com sons articulados no tempo, se, indiscutivelmente, devem os signos possuir uma cômoda relação com o que é denotado, então os signos ordenados de modo justaposto só podem expressar objetos que existam de modo justaposto, ou cujas partes existam de modo justaposto, ao passo que os signos que se sucedem uns aos outros só podem expressar objetos que se sucedam uns aos outros ou cujas partes se sucedem umas às outras.
>
> Os objetos que existem de modo justaposto, ou cujas partes existem de modo justaposto, denominam-se corpos. Por conseguinte, os corpos com suas propriedades visíveis são os objetos próprios da pintura.
>
> Os objetos que se sucedem uns aos outros, ou cujas partes se sucedem umas às outras, denominam-se, em geral, ações. Conseqüentemente, as ações são o objeto próprio da poesia.
>
> [...]
>
> A pintura, em suas composições coexistentes, pode utilizar um único momento da ação e, por isso, deve escolher o mais pleno de potencialidade, fazendo assim com que se torne o mais compreensível possível o que o precede e o que o sucede.
>
> Da mesma maneira, a poesia, em suas imitações sucessivas, pode utilizar uma única propriedade dos corpos é por isso deve escolher a que desperta a imagem mais significativa do corpo, pelo lado que ela necessite.

Inseridas em suas pesquisas estéticas, essas considerações semióticas de Lessing são motivo de crítica por parte de *Johann Gottfried von Herder* (1744-1803). Ressalta Herder que, na poesia, ao lado da sucessão dos signos, também se deveria levar em consideração a "força dos signos". No mais, Herder, como filósofo da linguagem, em sua *Abhandlung über den Ursprung der Sprache* [*Dissertação sobre a Origem da Linguagem*], de 1772, sustentou a teoria de que o desenvolvimento do espírito estaria vinculado à construção da linguagem e que a gramática não passa de uma filosofia da linguagem. Outros filósofos da linguagem, como Johann Georg Hamann (1730-1788), Johann Werner Meiner (1723-1789, Wilhelm von Humboldt (1767-1835) Jacob Grimm (1785-1863) e Friedrich Schlegel (1727-1829) consideram a linguagem essencialmente como órgão e critério da razão ou vêem manifesta, na diversidade das línguas, a diversidade das cosmovisões. A relação entre teoria da razão e teoria da linguagem também foi enfatizada nos séculos XVIII e XIX, tende em vista que a filosofia é entendida – em Salomão Maimon (1753-1800), por exemplo – como teoria da linguagem, teoria essa que fornece as "regras universais para cada língua" de modo que os signos ou as palavras da linguagem devem coincidir o mais exatamente possível com as coisas por meio deles designadas. Maimon também distingue entre partes da linguagem "próprias" (concretas) e "impróprias" (abstratas) e aplica essa distinção à poesia e à prosa. Constrói também uma teoria dos "tropos" no sentido de "signos derivados" e "significados", que ele discute principalmente em sua obra *Versuch über die Transzendentalphilosophie, mit einem Anhang über die Symbolische Erkenntnis* [*Ensaio sobre a Filosofia Transcendental com um Apêndice sobre o Conhecimento Simbólico*] (1790).

Emanuel Kant (1724-1804) não deixou uma obra que tratasse especificamente da teoria dos signos, mas em vários escritos, principalmente na *Crítica da Razão Pura*, de 1781, aborda problemas semióticos.

Sua proposição fundamental, a de substituir problemas ontológicos, sobre a temática do ser, por problemas de teoria do conhecimento e não mais perguntar a respeito dos objetos mas a respeito da possibilidade do conhecimento sobre os objetos, apóia-se numa relação tripartida, mediadora entre consciência, conhecimento e mundo. É particularmente interessante, a propósito, o que expõe Kant no capítulo "Do Esquematismo dos Conceitos Puros do Entendimento" (*Crítica da Razão Pura*. Doutrina do elementar (ou dos elementos)). Partindo da distinção entre "conceitos puros do entendimento" e "intuições empíricas", Kant indaga-se sobre a possibilidade de subsumir a "intuição" aos "conceitos do entendimento", isto é, sobre a possibilidade de aplicar "categorias", ou seja, "conceitos puros do entendimento" a "fenômenos" (dos objetos). É claro que deveria haver um terceiro, necessariamente homologável de um lado com a categoria, do outro com o fenômeno, e que torna possível a aplicação da primeira ao segundo. Essa representação mediadora deve ser pura (sem nada de empírico) e além do mais, de um lado, intelectual e, do outro, sensível. É esse o *esquema transcendental*. Esse "esquema transcendental", ou seja, "o esquema dos conceitos do entendimento" é a "determinação transcendental do tempo", tal como a entende Kant como "forma da intuição", a qual ou contém uma multiplicidade *aprioristicamente*, isto é, antes de toda experiência, na pura intuição e é a condição formal da multiplicidade, ou *sinteticamente*, visto que é a unidade do múltiplo na representação.

Kant distingue, ademais, o "esquema" da "imagem". Cinco pontos seriam, por exemplo, uma imagem do número 5, pontos esses que se poderiam colocar um depois do outro; mas já o número 1000, nós só o podemos pensar, e esse pensar "é mais a representação de um método de representar, conforme um dado conceito, uma multiplicidade numa única imagem, do que essa imagem, que, neste último caso, dificilmente poderia eu captar e confrontar com o conceito". Isso, porém, significa que a base dos conceitos sensíveis puros não e constituída de imagens dos objetos, e sim de esquemas. Kant fornece então esquemas de todas as categorias, e visto que "o próprio tempo desde que correlato da determinação de um objeto" está contido em todas as categorias, ou seja, conceitos do entendimento, Kant estabelece-os como "determinações *a priori* do tempo segundo regras". Baseado nisso, ele postula que os esquemas dos conceitos puros do entendimento são "as verdadeiras e únicas condições para se buscar para eles uma relação com os objetos, e assim obter-se um significado, e que por isso as categorias não têm, finalmente, qualquer outro uso senão um possível uso empírico".

Nessas passagens, Kant não fala explicitamente de signos, mas tudo o que ele – mesmo em outros trechos – diz sobre os "esquemas" corresponde ao que nós denominamos, com Peirce, de "realização triádica do signo". Uma pesquisa minuciosa dessas representações kantianas explicitariam certamente melhor que sua relação cognoscitiva, por meio da qual mundo e consciência estão conectados, também pode ser interpretada como relação sígnica. Essa breve indicação deve aqui bastar para mostrar o possível significado que Kant atribui à semiótica.

Johann Gottlieb Fichte (1762-1814), Georg Friedrich Hegel (1770-1821) e Friedrich Wilhelm Schelling (1775-1854) empregaram imagens conceituais semióticas em pesquisas de filosofia da linguagem e metafísica. Mas foi sobretudo Hegel que realizou um sua *Estética* – publicada em 1835 e portanto, após sua morte – muitas observações interessantes com respeito aos signos e seu emprego nas artes, aí consideradas não sob o prisma da filosofia da linguagem mas da semiótica, visto que são pesquisados não apenas os signos lingüísticos na poesia e na prosa, mas também os signos da pintura, da escultura e da música. Uma citação extraída da introdução à *Estética* pode reforçar tal asserção:

> Numa obra de arte começamos por aquilo que se nos apresenta de imediato e só subseqüentemente nos perguntamos qual pode ser ali o significado ou o conteúdo. Toda exterioridade não vale para nós apenas de imediato, mas por detrás dela ainda supomos existir algo interno, um significado [...] Visto que um fenômeno que significa algo não representa a si mesmo e o que é como exterior, mas representa outra coisa [...] Sim, cada palavra remete a um significado e não vale por si mesma [...] Desse modo, deve a obra de arte ser significativa e não apenas exaurir-se em linhas, curvas, superfícies, ocos, cavidades da pedra, em cores, sons, e sonoridades da palavra.

Hegel distingue aí muito claramente os signos propriamente ditos daquilo que eles designam e significam, e não se restringe em absoluto aos signos lingüísticos, mas inclui na consideração "linhas", "ocos", "cores", "sons" etc. Todos esses signos (vistos como meios) têm em comum o fato de não se representarem a si mesmos mas "outra coisa", isto é, de terem uma referência conteudística, concreta, e remeterem a seus significados. Em outras palavras: os signos são para Hegel imagens tridimensionais, isto é, triádicas, que se desenvolvem através de suas relações, surgindo, assim, sempre novos graus, ordenados uns sobre os outros. O desenvolvimento dos signos está, portanto, ligado ao desenvolvimento da consciência, que Hegel, em sua estética, vinculada à diferenciação entre consciência "poética" e consciência "prosaica".

Visto que "a imagem e o discurso" – não a língua em sua existência prática – constituem "o propósito da poesia", devemos, todavia, salienta ulteriormente Hegel,

distinguir entre uma poesia original, que se encontra *antes* do aperfeiçoamento da prosa comum e artística, e a concepção e a linguagem poéticas, que se desenvolvem em meio a uma situação de vida e uma expressão prosaicas já totalmente concluídas. A primeira é inscientemente poética no representar e no falar, ao passo que a segunda conhece o campo do qual se deve afastar para situar-se no livre terreno da arte, e por isso se forma em distinção consciente relativamente à prosa. A consciência prosaica, da qual a poesia deve separar-se, necessita de um tipo totalmente diferente de representação e de discurso [...] Se depois, porém [...] o círculo das representações se amplia com o aparecimento da reflexão, se os modos de conexão se multiplicam, se aumenta a presteza em passar para tais processos representativos, e assim também se desenvolve a expressão lingüística para uma realização mais plena, então a poesia ganha, sob o ponto de vista da dicção, uma posição, sem dúvida, modificada. Quer isto dizer que o povo já tem então uma língua prosaica definida pela vida quotidiana a agora a expressão poética deve afastar-se dessa língua corrente a ser novamente sublimada e espiritualmente enriquecida.

Cito aqui essas passagens não apenas para salientar a base semiótica da estética de Hegel, mas também para indicar que poesia e prosa são sistemas de signos e como tais devem ser considerados. Seria valioso para a semiótica indagar com maior precisão acerca das representações de Hegel e reelaborá-las para uma teoria geral dos signos.

Karl Christian Krause (1781-1832) escreveu por volta de 1812 uma dissertação, *Zur Sprachphilosophie* [*Para a Filosofia da Linguagem*], publicada só em 1891, após sua morte, por August Wünsche. Krause toma como ponto de partida, na apresentação da linguagem, a idéia de uma "linguagem de humanidade" como "linguagem essencial" ou "linguagem original essencial", que, embora devesse conservar todas as belezas das linguagens populares, deveria, em compensação, evitar todos os seus defeitos e deformações. Ao descrever desse modo a linguagem, retorna ele à "linguagem da escrita sonora", que possui uma linguagem sonora num primeiro grau e uma linguagem escrita num segundo grau ("segunda potência"), podendo ser traduzida para outras linguagens, como por exemplo para a linguagem dos surdos-mudos, para a estenografia, a datilogia (linguagem secreta de sinais feitos com os dedos e mão pelo monges), embora a linguagem escrita original seja essencialmente, como "puro mundo de signos figurativos", mais essencial e mais utilizável do que todas as linguagens sonoras, já que possui muito mais signos simples, linhas retas, arcos, pontos, círculos, triângulos, quadrados etc. Krause quis construir algo assim como uma "pasigrafia" (também concebida por Liebniz), uma "linguagem universal de signos" ou "linguagem que designa tudo", mas só realizou sobre o assunto umas poucas explanações, com base nas quais é impossível identificarmos com clareza seus propósitos a respeito. O fato de não restringir a linguagem à linguagem sonora ou escrita, incluindo a linguagem dos gestos, os hieróglifos, os caracteres da escrita chinesa, a mímica, o canto, a música e a dança, bem como a linguagem produzida mediante atos figurados (erótica, amizade, religião, ceia, investidura de cavaleiros etc.), também denominada linguagem simbólica, propicia-lhe a possibilidade de compreender as conexões dessas linguagens como "linguagens mistas".

A pesquisa sobre a linguagem feita como ciência da linguagem deve, segundo Krause, considerar a *lexicologia*, a *gramática* e a *estilística*, e isso de tal modo que a gramática venha depois da lexicologia, e a retórica depois de ambas, constituindo as três, juntas, a "teoria da arte do discurso lingüístico" ou estilística.

Na linguagem sonora, Krause investiga os sons, que servem à comunicação, quando designam alguma coisa, isto é, quando têm algo "do que falamos", em que tanto a "seqüência sonora" quanto a "série das intuições de que falo" estão em mim, e só "na união de ambas" ocorre "o que denominamos entender". Trata-se sempre, portanto, de um intercâmbio entre aquilo "através do que falamos" e aquilo "de que falamos". Mas já na retórica, ou seja, na estilística, Krause sublinhava uma ulterior determinação essencial da linguagem, isto é, a da "beleza", quando diz:

> Já na vida quotidiana mas, mais ainda, no falar bonito e no poesia, patenteia-se o indício de que da série dos sons lingüístico como tais, se exige mais do que utilidade, mais do que satisfação das necessidades de comunicação, isto é, que seja algo em si mesma, dotada de um valor próprio ou de uma dignidade própria. Na verdade, até mesmo a pasigrafia, até mesmo a estenografia não se formam apenas sob o aspecto da utilidade mas também da beleza, porque uma linguagem crua não designa com clareza, só pode fazê-lo uma linguagem formada belamente e belamente sonora.

Como principal estímulo para a linguagem, Krause considera "o instinto de imitação", que todo ser humano possui e cada um desenvolve de modo diferente, e "onde não existir, haverá estupidez causada por alguma enfermidade corporal ou carência de capacidade espiritual". Em outras palavras: "Todo o nosso conhecimento não é outra coisa senão imitação, na vigília como no sono". O ser humano imita tudo o que o rodeia, os sons, os movimentos, as estruturas (desenho, pintura), e baseadas nessa tendências para a imitação é que surgem "todas as intuições sensíveis". A linguagem desenvolve-se por meio dos objetos do "intuir, sentir e querer". Por conseguinte, esses objetos existem antes da linguagem, e Krause defende explicitamente a opinião de que "também devemos poder pensar sem linguagem", porque quando investigamos algo novo, "a linguagem ainda não tem designação alguma para esses objetos". E prossegue: a compreensão da linguagem quotidiana não pode ser explicada pelo fato de "que os homens se puseram de acordo sobre determinados signos para determinadas coisas"; pois "para o fazerem já deveria existir uma linguagem", mas é o *instinto de imitação* que, fundamentado mas atividades homogêneas dos seres humanos na vida quotidiana e, como "essência racional", faz com que essa compreensão recíproca seja possível.

Todavia, a peculiaridade da linguagem reside, para Krause, sobretudo no fato de "representar nossa vida mental" e não de representar como na pintura. Indubitavelmente, um livro em língua estrangeira será incompreensível sem ilustrações, mas qualquer observador notará que os caracteres da escrita não são imagens, e sim "signos", que caracteres semelhantes reaparecem, que são formados e repetidos segundo uma lei.

Mas "todo signo tem necessidade de um referente e, na falta do objeto, de qualquer modo, de uma imagem". Conseqüentemente, para falarmos e compreendermos, necessitamos de três coisas: 1. "um âmbito da realidade que sirva à linguagem", 2. "que aquilo que deve ser designado pela linguagem já tenha sido intuído, sentido, querido" e 3. "uma remissão" (externamente, através do apontar; interiormente, como ato da reflexão do observar). Só por meio dessa "remissão", uma série se torna uma "totalidade sígnica", ou seja, só quando compreendidos, é que sons, gestos e caracteres da escrita são apreendidos como signos. Krause estabelece uma distinção muito nítida entre o signo, o designado e a compreensão. Mas como a linguagem não representa com imagens e, apesar disso, produz uma intuição, essa intuição funciona com base no *poder da memória*. Como uma memória total não é possível, a seleção desempenha, no caso, um importante papel.

Embora muitas exposições de Krause sobre as relações, operações, inclusão e analogia revelem sua preferência por uma orientação sobretudo matemática ou técnica, sua "filosofia da linguagem" é, essencialmente, uma *teoria metafísica dos signos* que concebe o signo como parte da vida humana corporal e espiritual. Dentro de sua perspectiva nacionalista, Krause insiste numa purificação da língua alemã de todas as influências estrangeiras e produz uma obstinada germanização de todos os termos em seu livro, o que o torna de difícil leitura e certamente nada contribui para sua compreensão. Tal perspectiva, todavia, não o impede de expor seu projeto de uma "linguagem original essencial" ou "linguagem da humanidade", que, aliás, poderia ser útil para "um dia, talvez comunicarmo-nos com as humanidades de outros corpos celestes", e por meio da qual a humanidade toda estaria unida.

Vejamos o que dizem suas poucas exposições sobre essa linguagem da humanidade: "Se então, para *eu*, escolhemos o signo da essência O acrescentando ⌒ (Ō ou ⋀), então também ⋒̄ poderá significar minha essência ⋒̂ minha forma, ⋒̇ minha força; ter-se-á, além disso, + ⋀ eu como essência corpórea particular, ⊥ ⋀ eu como essência original eterna".

Krause, ao que parece, não compreendeu sua linguagem original essencial, ou pasigrafia, como uma lógica à maneira de Leibniz, já que em toda a sua obra, ao lado de observações lingüísticas e metafísicas, só aparecem observações estéticas, mas nenhuma observação lógica. Isto é, o problema da verdade dos signos (juízos) é tão pouco discutido quanto o de "encontrar novas verdades por intermédio dos signos", problemas esses que surgem quando cominamos signos ou quando com eles operamos.

Em 1794, surgia em Karlsruhe, um pequeno escrito do professor J. L. Boeckmann, com o título *Telegraphie und Telegraphen* [*Telegrafia e Telégrafos*]. Na verdade, não expõe ele nenhuma semiótica geral mas sim uma "semiótica aplicada", ao tratar da transmissão de signos a longa distância com o uso de instrumentos ou aparelhos. Após um apanhado histórico sobre as possibilidades de transmitir a outras pessoas sinais mediante fogo, archotes, fumaça, voz humana – diretamente ou com bandeiras e flâmulas, os chamados aeróstatos (projéteis luminosos), superfícies coloridas – Boeckmann estabeleceu sua teoria segundo a qual nem o som nem a eletricidade e sim a luz seria o meio de transmissão mais veloz, mais confiável e, sobretudo, mais barato de dia e de noite.

O que nos parece interessante, sob o ponto de vista semiótico no trabalho de Boeckmann, é a convicção geral de transmitir notícias com a ajuda da luz mediante sinais, ordenados segundo as letras do alfabeto ou o repertório dos números; em suma, de encontrar um método de transcrição cifrada ou de codificação em letras ou números por meio de outros signos.

Boeckmann, em suas próprias investigações, baseia-se no "telégrafo francês", que, segundo dizem, foi descoberto pelo engenheiro Chappe, mas na realidade, como o demonstra Boeckmann, foi descoberto por um certo senhor Linguet. Linguet parece ter querido pagar com ele seu resgate para sair da Bastilha, porém foi executado em junho de 1794, após Robespierre ter recebido seu trabalho.

O aparelho de transmissão de Linguet é uma espécie de régua de três partes que pode ser instalada no alto dos edifícios em diferentes posições. Cada posição corresponde a uma letra (maiúscula ou minúscula), a um sinal de pontuação ou a um número. Boeckmann simplifica esse repertório de signos, uma vez que reduz os 77 signos de Linguet a

36, isto é, a 24 letras, 10 números, um signo de começo e um signo de conclusão. Esse repertório tem a vantagem de que cada um de seus elementos pode ser representado por duas partes da régua, e não por três como em Linguet. E visto que, segundo suas exposições, o "telégrafo francês" foi efetivamente instalado, Boeckmann exorta os estadistas, reis e príncipes alemães e servirem-se o mais depressa possível dessa novidade, tanto na paz como na guerra.

Além do mais, o que o autor escreve acerca da codificação dos signos, por exemplo sobre a codificação do sistema decimal por meio do sistema diádico de Leibniz ou do sistema triádico de Weigel, e o que expõe sobre as condições para o emprego de signos coloridos, que ele descobriu em decorrência de suas próprias pesquisas, é atualmente levado em conta tanto na coloração dos sinais de trânsito quanto, de igual maneira, na publicidade.

Bernard Bolzano (1781-1848) desenvolveu em sua *Wissenschaftslehre* [*Teoria do Conhecimento*], em quatro tomos, de 1837, uma semiótica ampla, que abrange tanto uma teoria geral dos signos quanto a aplicação da teoria dos signos que ele denomina semiótica especial. Para Bolzano, o elemento da semiótica, o signo, é algo que se refere a outro objeto para renová-lo com o pensamento. Entende ele a semiótica como uma parte da teoria da ciência, que está ligada tanto à gramática e à lógica, quanto à teoria do conhecimento. Bolzano distingue os signos *escritos*, indispensáveis para todas as ciências, porque a ciência é precipuamente aquilo que formulamos dos nossos conhecimentos e ordenamos em proposições determinadas, e os signos orais, que servem sobretudo a escopos pedagógicos, isto é, em primeira linha à didática (prescindindo do uso extralingüístico dos signos) e que sempre pressupõem a ciência no sentido de uma fixação escrita. Essa importante distinção leva também Bolzano à representação do *emprego* dos signos, que chega até a estruturação de manuais, titulações, ilustrações, parágrafos, relevos tipográficos etc.

O conjunto de todos os signos de um homem é chamado por Bolzano a "língua" desse homem. Ele subdivide-a em: 1) *linguagem gestual*, que se baseia na semelhança do signo com o designado e na imitação, 2) *linguagem denotativa ou indicativa*, 3) *linguagem verbal ou sonora*, que é uma linguagem arbitrária.

Visto que todos os signos das linguagens verbais são expressões de tipo lingüístico, Bolzano também enfrenta questões gramaticais, mas ocupa-se sobretudo da lógica e da teoria do conhecimento. Para ele a teoria dos signos é, como para Leibniz, o fundamento seja da representação das verdades sob formas de proposições verdadeiras seja da descoberta ou da invenção de verdades mediante a combinação dos signos. Estes estão, por exemplo, aptos a serem repetidos e podem esclarecer representações obscuras. Através da exposição escrita dos pensamentos, novas verdades podem ser descobertas, podendo outras submeterem-se à crítica; porque os signos servem para a compreensão, a segurança, a facilidade da concepção, a lembrança, a facilidade para a descoberta de verdades, a comodidade, o entendimento e a comunicação.

Bolzano fornece 13 regras para o uso e a invenção de signos. Ressalta, porém, que os signos dos conceitos ("representações em si"), das proposições ("proposições em si") e dos silogismos dependem uns dos outros e que só a partir da proposição, que se deixa subdividir em elementos (conceitos) e formular na forma geral "o objeto A tem a constituição B", tornar-se-á evidente a relação do signo com a ontologia (constituição, objeto e relação). As questões sobre a verdade ou falsidade podem igualmente ser levantadas tanto em relação à proposição isolada quanto a uma sucessão de proposições. Obviamente, as ciências são tais sucessões ou relações de proposições verdadeiras ou "verdades", como diz Bolzano. Embora se declare contrário à algebrização da lógica, ele investiga as relações entre as proposições verdadeiras e falsas no sentido de representações que teorizam as probabilidades.

Como Leibniz e Krause, também Bolzano se pronuncia sobre a questão da criação de uma linguagem universal. Dela espera grandes vantagens principalmente para os cientistas, ou seja, para a ampliação do conhecimento, dado que em seu tempo todo cientista deveria conhecer pelo menos sete ou oito línguas para poder ler as publicações mais importantes em seu campo. Porém, ao contrário de Krause, Bolzano não propõe nenhuma "linguagem da humanidade" no sentido de uma "linguagem original essencial", e sim sugere a necessidade de inventar-se uma nova língua artificial (talvez um "esperanto") ou de todos se unirem em torno de uma única língua natural. Caberia hoje às Nações Unidas a tarefa de colaborar para o êxito dessa linguagem universal; porque embora a língua inglesa domine internacionalmente de modo crescente, não é ela todavia suficientemente estudada em todos os países do mundo e portanto não pode valer como língua universal.

Charles Sanders Peirce (1839-1914), o fundador do pragmatismo estadunidense, a respeito de cuja semiótica nos referiremos em seguida como a "teoria de base de Peirce", iniciou em 1867 a publicação de suas pesquisas semióticas. Na verdade, Peirce não deixou nenhuma obra em que houvesse apresentado organicamente, numa teoria unitária, os resultados de suas pesquisas semióticas. Foi por isso necessário reelaborar e conectar suas várias exposições sobre semiótica espalhadas sobretudo nas publicações sobre lógica, matemática e pragmática. Não é intento nosso, contudo, propor uma monografia sobre a semiótica peirciana, como o fez John Fitzgerald. Preferimos recolher todos os seus trabalhos e exposições sobre semiótica e desenvolvê-los com nossas contribuições para a fundamentação de uma teoria geral dos signos.

Peirce foi, de resto, estimulado em suas pesquisas semióticas sobretudo ao estudar a *Crítica da Razão Pura*, de Kant (1791). Fundou sua concepção do signo com a ajuda de três "categorias universais", que podem ser entendidas como princípio basilar de classificação em todos os âmbitos do ser. Essas categorias universais da "primaridade", da "secundaridade" e da "terciaridade" ele as determinou como relações binárias e ternárias, tema por ele desenvolvido com mais precisão em sua "lógica das relações". A determinação do signo com "relação triádica" é o pressuposto basilar para a definição e a classificação dos signos, para as suas diferenciações, suas possibilidades de conexão, sua comunicabilidade, seu emprego etc.

Além disso, Peirce também utilizou as categorias universais para a subdivisão da semiótica em três campos: a *gramática pura* ou *especulativa*, a *lógica específica* e a *retórica pura*, ou seja, *metodótica*, empregando esses conceitos escolásticos e determinando a gramática como primaridade, a lógica como secundaridade e a metodótica como terciaridade. Na gramática estabelecem-se as *condições formais* dos signos; na lógica, determinam-se as *condições formais de verdade* dos signos; ao passo que na metodótica investiga-se a *força* dos signos, isto é, sua aptidão para a descoberta de novas verdades, ou seja, desenvolve-se um "método dos métodos de descoberta", uma heurística dos signos.

Em vida, Peirce jamais teve qualquer apoio de amigos e "colegas de pragmatismo", com exceção de Josiah Royce. Mas pôde expor suas pesquisas a Lady Victoria Welby, a quem não conhecia pessoalmente e que, de Londres, com ele manteve uma longa e ininterrupta correspondência epistolar entre os anos de 1903 e 1911. A própria Lady Welby publicara duas obras sobre questões de significado: em 1903, surgia *What is Meaning?* e, em 1911, *Significs*. Ainda que Peirce não estivesse absolutamente convencido do valor científico do primeiro desses livros, acreditava ter encontrado em Lady Welby alguém, como ele próprio, interessado em problemas semióticos, ocupado sobretudo com o problema do "significado" e com quem podia conversar detidamente sobre seu assunto preferido.

Até hoje a semiótica da Peirce não é conhecida na medida do desejável. Isso não se prende apenas ao fato de que suas publicações, surgidas em pequenas revistas, só se tivessem tornado acessíveis por meio da tardia publicação nos *Collected Papers of Ch. S. Peirce* (editados de 1931 a 1935 e 1958 em oito volumes), mas também se deve às substanciais dificuldades de compreensão que o modo expositivo de Peirce apresenta. Seus pensamentos, por serem oferecidos sob formas extremamente concisas, só se tornam claros após longo e aprofundado estudo. Mesmo suas explanações, continuamente reelaboradas e completadas no curso de muitos anos, exigem leitura meticulosa e ordenamento simultâneo; e finalmente, muitos escritos de Peirce ainda por cima nem foram publicados e só são acessíveis num arquivo de microfilmes. Aí se encontra, por exemplo, um manuscrito dos mais importantes, de 1909, intitulado *Meaning*. Também a seleta de escritos matemáticos de Peirce, editada por Carolyn Eisele em cinco volumes, em 1975, com o título de *The New Elements of Mathematics*, contém, em vários trechos, exposições de semiótica.

Peirce pode, indubitavelmente, ser considerado como um dos mais importantes fundadores da lógica matemática depois de Augustus Morgan e George Boole e ao lado de Gottlob Frege, Giuseppe Peano, Bertrand Russell e Alfred North Whitehead, Ernst Schröder e outros. Estes lógicos matemáticos citados por último, ocuparam-se, todos eles, sem dúvida alguma, com problemas semióticos e também obtiveram em parte alguns conhecimentos, ou deram ênfase a conexões lógicas; mas suas pesquisas não apresentam qualquer ampliação da teoria de base de Peirce. Ernst Schröder é, aliás, o único dentre esses lógicos que, por exemplo, em seu discurso *Über das Zeichen* [*Sobre o Signo*], de 1890, remete a Charles S. Peirce, que, conforme declara o autor em diversos outros trechos, muito o incentivou em suas próprias investigações lógicas.

Edmund Husserl (1859-1939), fundador da "fenomenologia", ou seja, da "filosofia fenomenológica" na Alemanha, apresentou-se de início como lógico (não como logístico), e exatamente com as *Logische Untersuchungen* (vol. I, 1900; vol. II/1, 1901; vol. II/2, 1902) [*Investigações Lógicas*] bem como com a *Formale und Transcendentale Logik* [*Lógica Formal e Transcendental*] (1929, 1968). O título da segunda obra indica que para Husserl o que está em pauta não são apenas questões formais da lógica, mas que ele entende a lógica como intenção formal e conteudística da consciência. Daí porque também determina a lógica como uma "triplicidade específica" que se compõe: 1. do reino das expressões lingüísticas, 2. do reino dos possíveis significados e 3. daquilo que é pensado ou entendido. Em outras palavras, distingue ele, na lógica: 1. a pura teoria da forma ou gramática lógica, 2. a apofântica formal, ou teoria das possíveis formas de juízos verdadeiros e 3. ontologia formal. Evidentemente, Husserl colocou representações semióticas como base de sua lógica.

Também seu método fenomenológico para a produção de "fatos de consciência" ou de "objetos de consciência", tal como é descrito em *Cartesianische Meditationen und Pariser Vorträge* [*Meditações Cartesianas e Conferências Parisienses*] (1949, 1963) deverá ser esboçado – de modo muito simplificado – porque possui igualmente uma raiz semiótica: cada objeto empírico representa o ponto de partida de uma intervenção, isto é, da "descrição fenomenológica"; com a ajuda da "descrição fenomenológica" o objeto empírico é constituído na consciência como "objeto válido para a consciência", "eidos", "essência" ou "idéia". A constituição de "objetos de consciência" patenteia-se, assim, como um método recomendável para a constituição de "significados".

A passagem de uma consideração positivista ingênua do mundo e dos objetos para uma visão fenomenológica apóia-se, ademais, na "dupla direção descritiva" da descrição fenomenológica, isto é, na direção para o objeto como "descrição noemática" e nas direções para a própria consciência que descreve, julga, avalia como "descrição noética". Com base nessa dupla direção descritiva é possível explicar o esquema fenomenológico tripartido "ego-cogito-cogitatum", suscetível igualmente de ser reconhecido como esquema semiótico.

Na mesma época de Husserl, membros do Círculo de Viena – por exemplo seu fundador Moritz Schlick, em sua *Allgemeine Erkenntnislehre* [*Teoria Geral do Conhecimento*] (1918), e mais tarde Rudolf Carnap, ambos sob um prisma lógico e de teoria da ciência, e por fim Ludwig Wittgenstein, sobretudo em seu *Tractatus Logico-philosophicus* (1921) e nas *Philosophische Untersuchungen* (1953) sob um prisma mais geral, marcado pelo behaviourismo – dedicam-se ao estudo de problemas lingüísticos, lógicos e ontológicos bem como de questões sobre o uso de signos. Entre outros, também John Dewey coloca o comportamento sígnico no centro de suas reflexões em *How We Think* (1910).

Charles W. Morris finalmente desenvolveu, baseando-se tanto em Peirce quanto em Dewey, uma "semiótica do comportamento", em que o "comportamento sígnico" é determinado em três dimensões da significação (*signification*), isto é, no "denotar", no "avaliar" e no "prescrever" ou "ordenar". Em seu primeiro texto semiótico, *Foundations of the Theory of Signs* (1938), Morris distinguiu outras três dimensões semióticas: 1. a dimensão sintática, que corresponde à relação dos signos entre si, 2. a dimensão semântica, que corresponde à relação entre os signos e os objetos, e 3. a dimensão pragmática, que corresponde à relação entre os signos e o usuário dos signos. Os conceitos por ele desenvolvidos: "sintática", "semântica", "pragmática" tiveram ampla difusão. A fundação de uma semiótica estética em *Esthetics and the Theory of Signs* (1938), com ajuda dos "ícones" introduzidos por Peirce, constituiu uma tentativa que hoje deve ser considerada como falida. Em geral, os escritos de Morris, não obstante terem suscitado forte interesse e atuado de modo estimulante, padecem de graves debilidades quanto ao método e falta de precisão, sendo, por isso, muito pouco utilizáveis na construção de uma teoria geral dos signos.

Por iniciativa de Max Bense, retomaram-se de modo sistemático, a partir de 1955 em nosso Instituto de Stuttgart, as investigações semióticas de Peirce, reunidas como sua teoria de base e pouco a pouco desenvolvidas em teoria autônoma e abrangente. Buscamos, numa primeira etapa, aplicações da teoria de base à estética (Schultz, Walther,

Gerhardt, Brög), à arquitetura (Kiefer, Kiemle) e à teoria do acaba-
mento (Ropohl). Com a ajuda dos supracitados desenvolvimentos e
aprofundamentos do instrumental peirciano, chegamos a desenvolver
uma "estética semiótica" autônoma (Bense) bem como a subseqüentes
aplicações da semiótica à teoria do texto, da arquitetura, do *design* e
da ciência, aplicações essas sobre as quais voltaremos a discorrer na
terceira parte deste livro.

1. A Teoria de Base de Peirce

1.1. EMBASAMENTO CATEGORIAL

Há diversos métodos para construir-se uma semiótica: em primeiro lugar, podemos procurar estabelecer os traços característicos de todos os signos (baseando-nos, para tanto, sobretudo nos signos lingüísticos) para, com base neles, desenvolver uma teoria geral dos signos; em segundo lugar, podemos reunir todos os signos achados e classificá-los segundo pontos de vista que ponham em relevo sobretudo o que os diferencia; em terceiro lugar, podemos, baseados na função dos signos, investigar os próprios signos, suas relações e aplicabilidade. Ao longo da história, empregaram-se, como vimos, todos esses procedimentos, tendo-se mesmo combinado tais métodos para constituir uma teoria geral dos signos. Todas as tentativas de construção de uma semiótica têm, porém, em comum o fato de haverem considerado o signo, ele próprio, como algo de fundamental que dispensa qualquer fundamentação ulterior.

Charles Sanders Peirce foi o primeiro semiótico que tentou definir não apenas os traços característicos dos signos, mas o próprio signo como um "algo" categorialmente singular em relação com outros "entes" e deles distinto.

A partir de Aristóteles, todo ente é classificado com o auxílio de "categorias", que representam os conceitos superiores abrangentes, gerais, e, precisamente no próprio Aristóteles, com o auxílio de uma categoria de substância e nove categorias de atributos, isto é, um total de dez categorias. Foi também Aristóteles quem formulou a idéia, ainda hoje válida, de que só podemos falar de um objeto ou acontecimento, quando esse objeto, como substância, possui pelo menos um atributo, ou quando acerca desse objeto, como sujeito de uma proposição, se possa afirmar pelo menos uma propriedade, ou seja, um predicado. A descrição do "ente" como unidade de substância e atributo realiza-se, por conseguinte, numa "proposição", que, por sua vez, é considerada como unidade de sujeito e predicado. Com isso, referem-se as categorias, como tais, de uma lado aos objetos mas, do outro, são também "formas de asserção" ou "predicados" que se referem à proposição. Foram muitos os filósofos que se dedicaram e elaborar "tabelas de categorias", contendo dez (Aristóteles), doze (Kant) ou um número impreciso (Hegel, N. Hartmann) de categorias.

Peirce, grande conhecedor e admirador de Kant, investigou, juntamente a essas categorias, os seus diferentes "juízos", e observou que, não obstante sua diversidade, a forma fundamental de todos os juízos na conexão de "sujeito-cópula-predicado", que reproduz a conexão de "objeto-relação-propriedade", sempre se mantém firme. Os membros do juízo, isto é, da proposição, podem, então, ser concebidos 1. como uni-situacional (predicado), 2. di-situacional (sujeito) e 3. como tri-situacional (cópula). Podemos, portanto, também dizer, segundo Peirce, que um "primeiro" (a propriedade) deve ser dado, ou seja, previamente conhecido, para determinar um "segundo" (o objeto), e que, por meio de um "terceiro" (a cópula), unem-se propriedade e objeto. É com base nessas reflexões que Peirce desenvolve sua tabela das categorias, que consta de apenas três categorias por ele denominadas "categorias universais" e designadas de maneira abstrata como "primaridade", "secundaridade" e "terciaridade". Ele assim as define:

> *Primaridade* é o modo de ser do que é assim, como é, positivamente e sem referência a nenhuma outra coisa [ser uni-situacional]. *Secundaridade* é o modo de ser do que é assim, como é, em referência a um segundo, mas sem consideração de um terceiro [ser di-situacional]. *Terciaridade* é o modo de ser do que é assim, como é, enquanto estabelece a inter-relação entre um segundo e um terceiro [ser trissi-tuacional].

À *primaridade* pertence um ente que existe independentemente por si mesmo. Peirce denomina-a "qualidade de sensação". As qualidades de sensação – por exemplo, a cor azul no sentido de "azulidade" – são independentes do fato de serem percebidas ou lembradas, onde e quando comparecem. Isso também significa que as primaridades ou qualidades de sensação, visto serem independentes do tempo e do espaço, existem sob a forma da possibilidade.

À *secundaridade* pertencem experiências (por exemplo, comparações entre duas percepções), que são sempre dependentes do espaço e do tempo e, portanto – como todos os eventos factuais e todos os objetos concretos singulares –, existem sob a forma da realidade.

À *terciaridade* pertence tudo aquilo que é determinado por uma maneira de ser e por uma atividade espiritual consciente, que há que ser entendido sob os termos de pensamento, conhecimento, regularidade, coordenação, representação e comunicação, e entre os quais se deve incluir também o próprio signo como um *representamen*, como por vezes diz Peirce. "Pensar" sempre comparece como um sistema de três relações: 1. alguém que pensa, 2. o pensado, e 3. o pensar. Atividades e substratos espirituais como os signos não existem apenas sob a forma da possibilidade nem apenas sob a da realidade, mas existem sempre sob a forma da necessidade. Na verdade, a necessidade pressupõe a realidade e esta pressupõe a possibilidade, já que nenhuma modalidade é inteiramente independente das outras e todas elas possuem igualmente uma disposição triádica.

Entre outras coisas, Peirce aduz as seguintes correspondências para as categorias, as quais, todavia, constituem apenas uma pequena seleção das correspondências por ele citadas:

Primaridade:	Percepção ou sensação	Qualidade	Propriedade	Possibilidade
Secundaridade:	Experiência ou ação	Quantidade	Objeto	Realidade
Terciaridade:	Pensar ou signo	Representação	Relação	Necessidade

Peirce procurou dar a essa tabela de categorias um embasamento formal com a ajuda de sua lógica de relações. Distinguiu relações unisituacionais ou monádicas (por exemplo, "...é vermelho"), disituacionais ou diáticas (por exemplo, "...é menor do que...") e trisituacionais ou triádicas (por exemplo, "...está entre... e..."). Mostrou também que as relações de várias situações ou poliádicas podem ser reduzidas a relações de três, duas ou de uma situação mas, que as relações triádicas, diáticas e monádicas não se deixam reduzir. E já que as categorias são caracterizáveis por intermédio das relações, também as categorias fundamentais e universais da primaridade, da secundaridade e da terciaridade não se deixam reduzir. Categorias ulteriores, que representam graus intermediários, poderiam ser consideradas como "categorias particulares", sendo indicadas por Peirce do seguinte modo:

Primaridade	*Secundaridade*	*Terciaridade*
Primaridade da primaridade	Primaridade da secundaridade	Primaridade da terciaridade
	Secundaridade da secundaridade	Secundaridade da terciaridade
		Terciaridade da terciaridade

Isso significa: a primaridade não pode ser posteriormente subdividida; a secundaridade tem um primeiro e um segundo grau, sendo que o segundo grau é a autêntica, a genuína secundaridade; a terciaridade possui um primeiro, um segundo e um terceiro grau, e o terceiro grau é a autêntica, a genuína terciaridade.

E por estarem as três categorias estreitamente relacionadas entre si, cada uma delas pode ser ulteriormente diferenciada. Peirce valeu-se seguramente dessa idéia ao distinguir os graus de referência ao meio, de referência ao objeto e de referência ao interpretante como categorias. Daí resultaram, portanto, nove categorias, a saber:

Primaridade	*Secundaridade*	*Terciaridade*
Primaridade da P.	Primaridade da S.	Primaridade da T.
Secundaridade da P.	Secundaridade da S.	Secundaridade da T.
Terciaridade da P.	Terciaridade da S.	Terciaridade da T.[1]

As categorias fundamentais, que Peirce designou como primaridade, secundaridade e terciaridade, Bense as denominou *signos primos*, já que, para indicá-los, são empregados os três primeiros números primos. Nós os empregamos para indicar os subsignos no esquema de matrizes.

1.2. O SIGNO COMO RELAÇÃO TRIÁDICA

Se, com o auxílio das categorias, podemos determinar o signo como uma terciaridade ou *relação triádica*, cabe agora perguntar como poderemos explicar com mais precisão a tríade que denominamos "signo". Peirce entende um signo, de maneira muito geral, como algo que está por alguma outra coisa ou que representa outra coisa e que é compreendido ou interpretado por alguém, isto é, que tem um significado para alguém. As três referências do signo são: 1. a "referência ao meio" (M) – o "signo como tal" –, 2. a "referência ao objeto" (O), e 3. a "referência ao interpretante" (I); porque todo e qualquer signo deve ser um algo, deve referir-se a um objeto que ele designa, e essa "designação"(como Max Bense define mais precisamente a referência ao objeto) deve ser compreendida por um intérprete ou por uma consciência interpretante, ou deve ter um "interpretante", isto é, um significado. Um signo é, portanto, uma tríade de referências, ou uma relação triádica. Se esse algo não apresenta essas três referências, então não se trata de um signo completo. Por exemplo, uma inscrição que seja descoberta, mas que não possa ser interpretada ou decifrada, ainda não é

---

1. P. é Primaridade, S. é Secundaridade, T. é Terciaridade.

um signo, ou seja, ainda não contém signo algum. Temos aí presente, quando muito, a referência ao meio do signo, o qual só se tornará um signo completo quando soubermos a que se referem esses meios e como devem eles ser interpretados.

Com base nas reflexões peircianas, Bense representou a relação sígnica da seguinte maneira:

$$S = R (M, O, I)$$

Para exprimirmos o fato de que (O) vem depois de (M) e (I) vem depois de (M) e (O), podemos escrever:

$$RS = [(M \Rightarrow O) \Rightarrow I] \text{ ou então}$$
$$RS = (M \Rightarrow O. \Rightarrow I).$$

A dupla seta indica uma "geração" (produção); o ponto depois do (O), na segunda fórmula, substitui o parênteses interno.

Visto que o signo como relação triádica reúne um primeiro, um segundo e um terceiro, podemos também representar a relação sígnica, com a ajuda da "maneira de escrita numérica" introduzida por Bense, assim:

$$RS = [(1. \Rightarrow 2.) \Rightarrow 3.]$$

Com essa escrita fica de pronto evidente que a relação sígnica deve ser concebida como uma "tríade ordenada" e que esse ordenamento não deve ser transgredido. Por outro lado, fica evidente que a referência ao meio representa uma primaridade, a referência ao objeto uma secundaridade, a referência ao interpretante uma terciaridade. Com base nisso também podemos dessumir: nenhum signo é independente de um interpretante, isto é, de um intérprete, ou melhor, apenas um intérprete pode introduzir, propor um signo ou explicar algo como signo. Estão aqui obviamente em discussão não somente todos os signos existentes e sobre os quais já haja concordância, isto é, os signos convencionais, mas qualquer coisa que seja assumida como signo, desde que a façamos funcionar numa relação triádica, de modo tal que designe outra coisa e essa designação tenha um significado, isto é, seja compreendida por alguém. Podem, assim, ser empregados como signos: flores, selos postais, a luva de desafio do cavaleiro, atos cerimoniais etc. Deduz-se desses exemplos que só por intermédio de determinados acordos estabelecidos por um grupo determinado de pessoas será possível usar os objetos mencionados como signos. Quando não se conhecem as convenções, esses objetos também não são compreendidos como signos. Em outras palavras, sempre há que haver concordância acerca de a que coisa deve algo referir-se como signo; e com essa concordância ou convenção tornam-se perceptíveis outros traços do signo, por exemplo, "a repetibilidade", sem a qual não haveria nenhum uso convencional de signos e, conseqüentemente, nenhuma "ensinabilidade" ou "aprendibilidade" de signos, nenhuma "acumulação", "selecionabilidade", "reutilização" ou "substituibilidade" de signos, isso para nomear apenas alguns traços importantes.

1.2.1. Definição Geral e Explicação do Signo

Em todas as ciências, na arte, na vida quotidiana com todos os seus multiformes setores, por toda parte, signos são formados, usados, reformados, mudados e consumidos. Por meio de signos tudo se pode exprimir, representar, é possível comunicarmos a outros (e nos mais diversos campos da sensação física) aquilo que nos parece oportuno, e que podem ser: coisas, propriedades de coisas, relações, eventos, conhecimentos, sentimentos, processos, desejos, sonhos etc.

Cada signo empregado é, ele próprio, uma coisa material. Não existe um signo apenas pensado, que possa ser signo independentemente de uma *realização*, pois quem pensa alguma coisa, pensa em signos que aprendeu e pode levar à expressão. A questão de ser possível pensarmos sem signos, e a outra, de saber se o pensamento precede o signo ou vice-versa, na verdade nem sequer pode ser levantada, embora continuamente a encontremos na história da semiótica. Se por signo entendemos uma relação triádica, baseamo-nos na contemporaneidade das suas partes e portanto o signo, como meio, é contemporâneo do objeto designado e do interpretante.

Signo algum pode aparecer *sozinho*, independentemente de outros signos. Não é possível falarmos de um signo isolado, singular; pois se todo signo deve ser interpretável, isso significa que ele é explicável por meio, pelo menos, de um outro signo. Mas tendo em vista que a explicação de um signo é, por sua vez, ainda um signo, o qual, por sua vez, pode ser explicado, as explicações sucedem-se ao infinito e, em linha de princípio, segundo Peirce, delas jamais se chega ao fim. Porém na prática exigimos apenas poucas explicações, visto que na maioria das vezes, na comunicação quotidiana, já compreendemos, ou pensamos compreender, mediante uma indicação, aquilo que o outro quer dizer por meio dos signos empregados. Na ciência, ao contrário, na qual os signos devem ser usados com exatidão e univocidade, são eles introduzidos ou explicados mediante rigorosas definições, ou então comparecem em fórmulas, nas quais sua função ou seu significado são estabelecidos por meio da relação com outros signos. Quando essas fórmulas são de tipo mais universal, falamos então de teoremas ou teses da ciência. Finalmente, é possível introduzir signos plenamente determinados em sistemas de axiomas, com base nos quais podemos deduzir os teoremas do sistema.

Se nenhum signo pode atuar independentemente dos outros, conseqüentemente todo signo é um elemento de um repertório de signos, isto é, pressupõe uma multidão de outros signos, à qual ele pertence. Essa *dependência em relação a um repertório* é – como dizemos em

Stuttgart, desenvolvendo Peirce – um pressuposto para toda análise sígnica de qualquer signo dado. Daí o fato de não haver apenas uma só informação, uma só notícia, um só conhecimento, uma só verdade, e sim – como demonstrou Bernard Bolzano – inúmeras verdades, inúmeros conhecimentos, inúmeras informações.

É possível estabelecer, mais ou menos arbitrariamente, quais os signos que devem pertencer a um repertório. A introdução de signos num repertório sígnico depende, em primeiro lugar, de acordos, da conveniência, clareza e mais fácil comunicabilidade, mas não dos objetos por eles designados. Seria ocioso ficarmos discutindo se a língua francesa ou a língua alemã seria a mais apropriada para a representação de determinados estados de coisas, por exemplo, do tipo ciências naturais ou história do espírito, embora tais reflexões se tenham feito e se façam constantemente. Seguramente, é fato que se pode estabelecer em algumas comunidades lingüísticas ou em determinados grupos no interior de uma comunidade lingüística, uma tendência mais forte ou mais particularizada para determinados campos de objetos, o que obviamente influiu vigorosamente para que a língua se desenvolvesse em determinadas direções. Os hábitos de vida e os interesses das pessoas são tão diversos que também suas línguas e seus usos lingüísticos devem ser diferentes. Em nenhuma outra situação se faz tão nítido esse estado de coisas como em certos jargões especializados ou na terminologia das ciências, injustamente caracterizados como esotéricos ou inacessíveis; pois todo signo serve para a designação de algo e é construído objetivando essa designação. Quando, porém, uma pessoa não tem relação alguma com os objetos designados pelos signos, não poderá compreender os signos que, para ela, possuem, de imediato, apenas uma referência ao meio. Mas nem nos passa pela cabeça referirmo-nos aqui às terminologias científicas: também cada artesanato, cada profissão, cada campo de atividade artística, cada classe escolar tem a sua língua determinada.

Devemos atentar também para o fato de que o conceito de repertório deve ser entendido em primeiro lugar como um conceito de referência ao meio, e por isso falamos mais precisamente em "repertório do meio" e não em repertório de signos, embora esta última expressão não esteja errada. O repertório pode, em princípio, pertencer a diversos domínios das sensações físicas, por exemplo, simultaneamente ao domínio acústico e ao visual, como ocorre no caso das línguas naturais. Bense fala da poli-sensualidade ou intersensualidade de certos repertórios de signos.

O fato de que um signo, como meio, pertença a um repertório, remete não só à perceptibilidade que se requer dos signos, mas também à sua selecionabilidade a partir de um repertório. Quando, por exemplo, um poeta quer escrever um texto, escolhe ou seleciona as palavras com base num repertório de palavras de sua língua. Se o texto concluído for analisado, poderão ser diferenciados dois repertórios: 1. o repertório geral da língua natural respectiva, 2. o repertório do próprio poeta, determinado pelas palavras selecionadas do repertório geral. A comparação entre ambos os repertórios, via de regra, mostra os desvios da repartição normal de freqüência das palavras, desvios estes demonstráveis com a ajuda de um dicionário de freqüências (como o de F. W. Kaeding ou o de H. Meier, por exemplo), e que dão aso às conclusões específicas relativas ao conteúdo estético dos textos, como o demonstram as pesquisas de Mandelbrot e Zipf, mas que já aparece explicado em Hegel. Também a distribuição das sílabas num texto – diferente em cada autor –, já por si só, leva, por meio da consideração das palavras empregadas como meio, a valores característicos relativamente ao texto e ao autor, o que foi pesquisado sobretudo por Fucks e Guiraud.

Que indivíduos pertencentes a um mesmo grupo lingüístico possuam repertórios *particulares* e que a compreensão entre eles dependa, em primeiro lugar, da quantidade de meios comuns é um fato que ganhou atualidade em 1954 com o famoso processo Dominici no Sul da França: acusado de assassínio de uma família inglesa de turistas, o camponês Gaston Dominici dispunha somente de perto de seiscentos vocábulos e, portanto, não podia compreender as perguntas do juiz, cujo repertório compreendia cerca de vinte mil vocábulos, segundo nos relata Jean Giono em seu livro (ver bibliografia). Introduzir um intérprete, capaz de traduzir as difíceis proposições do juiz naquelas, mais simples, do camponês, não teria sentido, visto que o processo de aprendizagem que teria sido exigido do camponês em relação ao repertório maior jamais teria podido ocorrer: não tinha ele qualquer conhecimento dos objetos a que se referiam os vocábulos do juiz. Mesmo que, no curso do processo, tivesse aprendido alguns vocábulos novos, meramente como meio, ele certamente os teria podido imitar, mas só os teria podido empregar quando a referência ao objeto desses meios fosse por ele conhecida; mesmo porque apenas uns poucos vocábulos do repertório maior eram sinônimos, isto é, somente poucos serviam para designar o mesmo objeto.

Propriedade importante de signo, à qual, entre outras, Peirce remete insistentemente, é a sua já famosa *repetibilidade*. Isto é, usar o mesmo signo significa também – e disso expressamente se valeu sobretudo Leibniz em sua *Characteristica Universalis* e em seu projeto de cálculo, isto é, em sua arte de conexão dos signos – operar com signos, ou seja, introduzir *operações* entre os signos, e somente ao cabo da pesquisa considerar os objetos designados. De resto, pode-se encontrar tal procedimento em todas as ciências, até mesmo nas chamadas empíricas.

A repetibilidade dos signos, ou seja, o uso repetido dos signos é também um critério idôneo para individuarmos o caráter lingüístico numa inscrição constituída de diferentes tipos de figuras e diante de cujo achado ficamos sem saber se se trata de um escrito ou de uma obra de arte gráfica. Com o aparecimento repetido e ordenado de determinadas figuras, torna-se nítido o caráter lingüístico, independentemente de tratar-se, por exemplo, de uma escrita ideográfica ou alfabética, o que também foi assinalado por Krause (ver introdução).

Parece uma contradição dizer por um lado que todo signo se caracteriza por sua repetibilidade e, por outro, que o signo se torna *desgastado* por um uso prolongado. Contradição que se resolve tão logo se considere uma outra propriedade do signo, isto é, aquela pela qual todo signo sempre pode ser substituído. A *permutabilidade* ou *substituibilidade* do signo é o pressuposto de toda interpretação, explicação, definição e tradução, em suma, de toda "codificação", sendo indiferente o fato de um signo poder ser substituído por outro mais longo ou mais curto ou de um único signo ser substituído por vários outros signos, ou de vários signos serem substituídos por um outro e único signo. Todas as operações com os signos e sobre os signos dependem em grande parte dessa substituibilidade.

Os signos são criados e usados para atingir certos escopos, para executar determinadas *tarefas*: pretende-se, por meio deles, dar expressão a algo, representar algo e comunicá-lo a outrem. E já que toda e qualquer coisa pode ser explicada em signos, existem os mais diversos signos, os quais – como já ficou claro em nosso apanhado histórico – servem para a *expressão*, ou seja, a *formação*, para a *representação*, ou seja, a *informação*, e para a *transmissão,* ou seja, a *comunicação*.

Que um objeto material qualquer possa, como signo, designar alguma outra coisa não depende somente de *convenção*, mas também do fato de que esse signo funcione numa determinada "situação" – coisa evidenciada por behavioristas como Dewey, Mead e Morris e atualmente, com maior precisão, por Max Bense –, isto é, que todo signo concreto eficaz não depende só do repertório, mas também da *situação*. Que se empreguem signos visuais, auditivos, tácteis, olfativos, gustativos ou suas combinações, é determinado: 1. pela *situação*, na qual os signos são usados, 2. pelo *ambiente* a que pertencem e, em terceiro lugar, por aquilo que exprimem, designam ou representam e por quem, de algum modo, devem atingir. Essas explicações gerais tornam evidente que o signo é compreendido, em primeiro lugar, como meio de um "repertório", em seguida vinculado a um "domínio do objeto" e a um "campo de interpretação" bem como a um "ambiente", uma "situação", e, finalmente, a um determinado "canal de comunicação". Introduzidos por Bense na semiótica com base nas pesquisas da investigação sobre informação e comunicação, estes últimos conceitos serão por nós tratados mais amplamente na seção 2.7.

Naturalmente, no capítulo que se segue, discutir-se-ão outras propriedades do signo. Antes de tudo, é *mister* examinar mais precisamente a natureza triádica do signo.

1.3. AS REFERÊNCIAS DO SIGNO

Se, com Peirce, consideramos o signo como uma relação triádica, então, como já dissemos, tal relação triádica consta de três membros, ou de três correlatos, ou de três componentes, ou seja, de três *referências*: referência ao meio, referência ao objeto e a referência ao interpretante. Cada signo, portanto, representa um sistema de referências que embora possam ser examinadas isoladamente, só constituem o signo quando plenamente interligadas.

Para tanto, é indiferente se, a propósito do signo examinado, está em causa um signo *elementar*, atômico, isto é, simples, ou um signo *molecular*, isto é, composto, complexo; porque, por exemplo, uma palavra isolada tanto quanto uma proposição, um capítulo de livro ou um livro inteiro, conforme o caso, têm uma referência ao meio, uma referência ao objeto e uma referência ao interpretante.

Juntamente com a representação triádica do signo segundo Bense: S = R (M, O, I) ou também RS = [(1. ⟹ 2.) ⟹ 3], podemos representar a relação triádica também graficamente (segundo Walther):

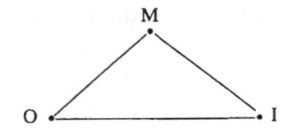

ou então escrever para o "signo" a figura trissegmentada ⅄ que Peirce introduziu para ele. Já que todo signo consta de três referências, que correspondem às três categorias da primaridade, da secundaridade e da terciaridade, o signo completo, considerado ontologicamente, constitui uma terciaridade, é o "ente superior" que em geral aparece. Mas se as referências isoladas correspondem cada uma delas respectivamente a uma categoria, o signo compõe-se então: 1. da referência ao meio, que representa uma primaridade, 2. da referência ao objeto, que representa uma secundaridade, e 3. da referência ao interpretante, que representa uma terciaridade. Sendo assim, o signo, como totalidade, é um autêntico *representamen* do mundo, visto que ele próprio contém todas as possíveis referências que podem ser concebidas mediante a primaridade, a secundaridade e a terciaridade. Como referência ao meio, o signo é parte do mundo físico, material, como referência ao objeto, é parte do mundo objetivo das coisas e dos acontecimentos, e como referência ao interpretante é parte das regras, das regularidade, das formas e relações de pensamento do mundo mental. As referências isoladas do signo constituem, como já dissemos, uma relação triádica ordenada. No conceito de ordenamento já estão também contidos o conceito da "produção" ou "geração" do 1 para o 2 para o 3, ou de "degeneração" do 3 para o 2 e para o 1. Fica evidente que na relação triádica estamos diante de uma relação gerativa, sobretudo na maneira da escrita formal introduzida por Bense: GS = (1. $\Rightarrow$ 2.) $\Rightarrow$ 3.

Cada referência do signo pode, por seu turno, ser subdividida por meio das três categorias, de tal modo que cada referência forma uma unidade de três membros, à qual Peirce, a fim de diferenciá-la da tríade original, chama de "tricotomia". Cada tricotomia é um conjunto de primaridade (1), secundaridade (2) e terciaridade (3), ou seja de (M), (O) e (I). Para tornar isso evidente, nós (Bense/Walther) – desenvolvendo Peirce – desenvolvemos as seguintes matrizes (produtos cartesianos de tríades e tricotomias) que contêm nas linhas verticais as tríades e nas horizontais as tricotomias. Pela "multiplicação" dos elementos isolados das horizontais e das verticais obtêm-se nove "produtos", cujo primeiro membro determina a referência e o segundo membro o grau da tricotomia dessa referência. Os nove possíveis "produtos", ou seja, pares ordenados, nós os denominamos, segundo a terminologia de Bense, "subsignos" porque não representam nenhum signo completo, mas partes de signos, e precisamente partes de signos constitutivas das relações triádicas completas. Os subsignos podem ser representados por (M), (O) e (I) ou por (1), (2) e (3):

	M	O	I
M	MM	MO	MI
O	OM	OO	OI
I	IM	IO	II

	1.	2.	3.	
1.	1.1	1.2	1.3	refer. M
2.	2.1	2.2	2.3	refer. O
3.	3.1	3.2	3.3	refer. I

Peirce explicou ou descreveu cada um dos signos parciais das referências sígnicas por nós indicados como "subsignos", ponto que aprofundaremos nos capítulos que seguem.

1.3.1. A Referência ao Meio do Signo

A referência na qual o signo funciona como meio é chamada de "referência ao meio" e – como dissemos anteriormente – subdivide-se tricotomicamente.

Peirce denomina a primaridade do meio "quali-signo", a secundaridade do meio "sinsigno" e a terciaridade do meio "legi-signo". Mais uma vez ressaltamos que os signos, como meio, pertencem a um repertório de meios, e devem ser sempre analisados relativamente a um repertório de meios.

Por *quali-signo* (derivado de qualidade), Peirce entende uma "qualidade ou fenômeno" que é um signo. Em outras palavras, cada estado material de um signo é uma qualidade. Quando reproduzido, porém, o quali-signo nunca é exatamente o mesmo, mas sempre um signo semelhante ao signo original; porém só quando numa reprodução o desvio do signo original se tornar muito grande é que se falará de outro quali-signo, de um novo quali-signo.

Um quali-signo, que deve se perceptível de modo sensível, pode ser visto, ouvido, palpado, saboreado ou cheirado, isto é, pode ser visual, auditivo, táctil, gustativo ou olfativo e pertence, sempre segundo a psicologia da percepção, a um determinado canal perceptivo. Um repertório visual, por exemplo, é fornecido mediante uma tabela de cores ou um espectro cromático, um repertório auditivo mediante os sons que constituem a base dos vocábulos de uma língua, ou mediante os sons de uma escala cromática ou não cromática. Observa-se aqui que já no repertório normatividades ou convenções desempenham um papel e que não é qualquer qualidade ou qualquer dado sensível que por si só pertence a um repertório, mas apenas aquelas qualidades que, enquanto qualidades de signos, são, portanto, quali-signos. Da enorme quantidade de possíveis sons pronunciáveis, por exemplo, uma comunidade lingüística seleciona um número limitado de sons, que ela emprega para a construção de suas palavras e, em princípio, cada comunidade lingüística escolhe certos sons, nem todos eles escolhidos pelas outras comunidades lingüísticas; assim o alemão, por exemplo, não utiliza nenhuma nasalização, o inglês nenhum *ü* ou o francês, nenhum *ö*. Portanto, a intervenção do interpretante já deve ser fixada, via seleções, no quali-signo, o que, na verdade, não é de espantar quando nos lembramos de que o quali-signo representa um subsigno do signo completo.

O *sinsigno* (que significa o signo singular, individual) é, segundo Peirce, um objeto ou um evento concretamente existente, e precisamente no sentido de um sinal, ou seja, no sentido de uma função assinalante espaço-temporal: Sig = f(x, y, z, t) (segundo Meyer-Eppler ou Bense), que é um signo. O sinsigno depende de determinados quali-signos implicados tanto no espaço quanto no tempo. Por exemplo, determinada palavra numa linha determinada de uma determinada página de um determinado·livro é um sinsigno, ainda que existam 10.000 exemplares desse livro no qual ela apareça. Num local determinado, todo signo é um sinsigno, desde que se considere somente seu aparecimento e sua apresentação concretos. Mesmo que, por exemplo, no trânsito viário, existam muitos signos de parada, usados segundo as normas e introduzidos convencionalmente, aquele determinado signo "pare" num determinado cruzamento, é um sinsigno. Daremos, em seguida, mais alguns exemplos de sinsignos, mas desde já gostaríamos de ressaltar que as obras de arte devem ser determinadas como signos individuais e, portanto, como sinsignos.

Por *legi-signo* (do latim *lex, legis*: a lei) Peirce entende um signo empregado segundo as normas, convencionalmente. O legi-signo é criado por um intérprete – uma comunidade lingüística, por exemplo – para um campo determinado de objetos. Diferentemente do quali-signo e do sinsigno, conserva sua "identidade em cada reprodução" e não está ligado a determinada realização ou fenômeno. Aparece em cada realização como "o mesmo", o signo uno-idêntico. Por exemplo a palavra "casa", seja ela escrita a mão, impressa ou pronunciada, independentemente de seu comparecimento num dado tempo ou num dado lugar, é sempre o mesmo legi-signo. O legi-signo vale a partir do momento em que se refira a um objeto determinado e for entendido dentro dessa relação. Só quando esvaziado e a referência ao objeto não mais for levada em consideração por todos os membros da comunidade lingüística, quando tiver caído "em desuso", é que será substituído por outro legi-signo.

São signos usados segundo as normas, por exemplo, as letras do alfabeto de uma língua, as palavras de uma língua, os signos matemáticos, químicos, lógicos nas ciências, os sinais de trânsito, os signos meteorológicos, os da rosa dos ventos, os algarismos do relógio, os graus dos termômetros.

De passagem, Peirce subdividiu também a referência ao meio em *tone*, *token* e *type*, que correspondem ao quali-signo, ao sinsigno e ao legi-signo. E como sobretudo *token* e *type* são de introdução recente na lingüística, ressalte-se aqui que a tricotomia da referência ao meio sem *tone* naturalmente é incompleta, e aquilo que os lingüistas assumiram como *token* e *type* nem sempre é aplicado com precisão.

Da matriz semiótica do capítulo 1.3 podemos concluir que a tricotomia da referência ao meio pode ser representada pelos pares ordenados de letras (MM), (MO) e (MI), ou então pelos pares de números (1.1), (1.2) e (1.3). O quali-signo representa o primeiro grau da tricotomia da referência ao meio, e assim, a *referência ao meio* e o *grau do meio* fixam o quali-signo como (MM) ou (1.1); o sinsigno representa o segundo grau da tricotomia da referência ao meio, e assim a *referência ao meio* e o *grau do objeto* determinam o sinsigno como (MO) ou (1.2); o legi-signo representa o terceiro grau da tricotomia da referência ao meio, e assim, a *referência ao meio* e o *grau do interpretante* determinam o legi-signo como (MI) ou (1.3). Na seqüência usaremos, oportunamente, a grafia numérica para indicar o quali-signo, o sinsigno e o legi-signo.

Cumpre ainda ressaltar que cada tricotomia indica, bem como cada tríade, uma construção *gerativa*, isto é: o sinsigno segue-se ao quali-signo e o legi-signo segue-se ao sinsigno. Segundo Bense, a passagem do quali-signo para o sinsigno e para o legi-signo só pode efetuar-se com base numa operação de seleção: o sinsigno é selecionado com base no quali-signo, o legi-signo com base no sinsigno e no quali-signo. Isso, porém, também significa que o âmbito do interpretante (ou do pensamento) está estreitamente ligado ao campo da experiência (ou o mundo objetivo, a realidade empírica) e com a percepção, isto é, a sensação (ou a qualidade física, material). E como as passagens entre tais âmbitos nem sempre são determináveis com exatidão, podemos também dizer – coisa a que Peirce atribui grande importância – que os primeiros dois âmbitos inferiores estão sempre implicados no terceiro âmbito.

1.3.2. Exemplos de Signos de Repertórios Distintos

Seria inútil dizer que existem muitos tipo de signos, visto que todos nós, quotidianamente, empregamos signos das mais diversas espécies. Não deixa, todavia, de ser bastante interessante lembrar alguns deles, a fim de documentamos a multiplicidade do nosso ambiente semiótico.

Naturalmente todos conhecem as escritas alfabéticas e as ideográficas, a caligrafia, a estenografia, e mesmo a escrita para cegos, a escrita musical, a coreografia, os signos químicos, matemáticos (signos, algarismos e operadores), astronômicos e astrológicos, meteorológicos e heráldicos, bem como os signos utilizados nos mapas, cartas geográficas, planos de cidades e outras cartografias; signos dos talhadores de pedras, dos tecelões, signos dos diversos artesanatos e indústrias, sinais de todo tipo; além de escudos de cidades, selos postais, brasões, assinaturas. Conhecem-se signos gráfico-esquemáticos, curvas para indicar os terremotos, a febre, a atividade cardíaca e cerebral; escalas, calendários, relógios com seus mostradores, rosas-dos-ventos e réguas. Estamos em geral familiarizados com os sinais de trânsito, aos quais pertencem os semáforos, sinais de aviso nas passagens ferroviárias, luzes de direção e freio nos automóveis e outros meios de transporte, indicadores de rota, monolitos de fronteira, barreiras aduaneiras, em suma, tudo o que serve para a orientação, além de números de casas, nomes de ruas, escudos de localidades, informações de distância etc. Outro tipo de signos são os distintivos e os signos de classe, signos de associações, uniformes, togas, batinas, em suma, a moda em geral. Outros ainda nós os encontramos nos cartões de bons augúrios, flores, anéis, coroas, véus, árvores-de-maio, coroas de vindima, árvores de natal, leques de palma. Nem todos estamos familiarizados com os signos das árvores, das madeiras, com os mourões divisores de pastagens, os nós dos moinhos, os divisores de águas, os divisores de pasto, os divisores de território, mas todos conhecemos o nó no lencinho, a coroa de rosas, movimentos, gestos, mímica, modo de andar, comportamento, sinais de mão, cerimônias, ritos, etiquetas. Linguagem de bandeiras, linguagem dos selos postais, linguagem de flores, linguagem de tambores, esferas luminosas, sinais de fumaça etc. são igualmente signos como os jogos de baralho, de pedras e de dados, manifestos, publicidade em todos os meios, filmes, espetáculos teatrais, a dança, a arquitetura e todas as artes, cujo caráter de signo nem em todos os casos é consciente. Obviamente todos os sinais acústicos como sirenes, toques de despertar e campainhas, apitos – como os de locomotivas e caldeiras –, música, canto, rumores de toda espécie são igualmente familiares como os sinais ópticos, já citados, e os sinais tácteis como as "tartarugas" em rua asfaltada, o aperto de mãos, o abraço, a carícia ou os signos do paladar e do olfato. Com essa lista sem fim estamos longe de exaurir a profusão de signos que nos circundam e regem nossa vida no ambiente, como é fácil concluir. Todos podemos inventar outros signos que sejam importantes para o campo pessoal ou social em que vivemos.

1.3.3. A Referência ao Objeto do Signo

Um signo introduzido como meio refere-se a um objeto, tem uma relação com objeto, isto é, representa, designa, está por um objeto que é designado ou denominado através do meio. Por "objeto" deve-se aqui entender qualquer coisa que possa ser designada. Na referência ao objeto, entretanto, não é tanto o objeto da designação que é importante, e sim a referência do signo ao objeto, isto é, a própria "designação". A função desempenhada na semiótica pelo objeto designado será o tema de nossas indagações na seção 1.5.1.

Como a referência ao meio, também a referência ao objeto do signo pode subdividir-se, com base nas categorias universais, em "ícone", "índice" e "símbolo". Os subsignos dessa referência, a que também Peirce atribuía particular importância, foram empregados e divulgados por Ch. W. Morris, podendo tais conceitos ser encontrados tanto na lógica e na teoria da ciência quanto na lingüística, na estética, na teoria da arquitetura etc.

O ícone é, para Peirce, um signo que designa o seu objeto a partir do momento em que o reproduz, ou seja, que imita esse objeto. Deve ter algumas características em comum com o objeto, isto é, representa o objeto com base em semelhanças. Um autêntico e genuíno ícone é, segundo Peirce, uma propriedade do próprio objeto a ser designado; por exemplo, a cor "laranja" da laranja, ou a linha de contorno de uma cabeça.

O ícone, como primeiro grau da referência ao objeto, é o fundamento de cada representação do objeto, sendo representado pelo par de números (2.1).

São signos icônicos, por exemplo, os retratos, os padrões, as estruturas, os modelos, os esquemas, os diagramas, as metáforas, as comparações, as figuras, as formas (lógicas, poéticas etc.). O ícone, que se refere à propriedade de um objeto, não está ligado a um objeto determinado, realmente existente. Continua sendo um ícone mesmo quando – como observava Peirce – se refere a um objeto inventado, fictício.

Os signos verbais, em primeiro lugar, não são ícones, mas símbolos, visto que não têm nenhuma relação de semelhança com o objeto designado. No entanto, em sua função de adjetivos, imagens, comparações, metáforas etc. são ícones degenerados, embora derivados de ícones autênticos, genuínos (por exemplo, a palavra "azul" para a cor azul).

Ícones como mapas de cidades, cartas geográficas, curvas de febre, esquemas e diagramas empregados no campo da técnica e da ciência também se revelam bastante apropriados à compreensão internacional. Assim também a visualização do nosso ambiente obviamente depende da eficácia imediatamente comunicativa dos signos não verbais e representa uma iconização. De qualquer modo, isso não quer dizer que os signos icônicos não necessitem de nenhuma explicação; visto que assim como cada signo é explicado por meio de outros signos, também o ícone é explicado ou interpretado.

Os signos icônicos também servem, antes de mais nada, para uma melhor e mais rápida visão de conjunto relativamente a um domínio não observável ou dificilmente compreensível ou sobre um processo de difícil apreensão. Daí serem empregados, sobretudo nos tratados científicos e técnicos, esquemas, representações gráficas e diagramas (por exemplo, fluxogramas ou diagramas de blocos), que são signos icônicos.

Naturalmente, um ícone pode ser substituído por outro ícone; por

O ícone mais abrangente da linguagem verbal é, sem dúvida alguma, a sua sintaxe, o que foi expressamente indicado por Peirce; e visto que todo ordenamento, como totalidade, é um ícone (ou seja, uma estrutura), conseqüentemente não seria possível uma compreensão sem o ordenamento sintático das palavras. Coube sobretudo a David Hilbert dar, juntamente a Peirce, especial relevo ao fato de que uma figura de silogismo, uma demonstração, é sempre uma figura, uma forma e, por conseguinte, uma imagem, um ícone.

Peirce entende por *índice* a relação de um signo com um objeto designado, não no sentido representativo mas no assinalativo, indicativo. Um índice tem com seu objeto uma conexão direta, forma com o objeto uma relação causal, isto é, de nexo, e porque o índice possui essa vinculação direta com seu objeto, o objeto é um objeto ou acontecimento determinado, singular, individual, condicionado temporal e espacialmente. São índices, por exemplo, uma sinalização viária, o segundo dedo da mão, a seta, o número ordinal, o nome próprio, um pronome demonstrativo. Os índices sempre cumprem uma função quando se deve assinalar algo como existente "aqui e agora", indiferentemente de tratar-se de um homem, uma casa, uma cidade, uma medida, o tempo do relógio, a direção do vento, o dia determinado de um mês determinado de um ano determinado, uma palavra numa frase numa página de um livro, uma notícia sobre um acontecimento do presente ou do passado etc. Toda documentação baseia-se numa multidão de índices, por meio dos quais se estabelece um fato. Sem índices não nos poderíamos orientar numa cidade estrangeira, não poderíamos atingir um objetivo, não poderíamos distinguir a realidade da ficção. Toda concretização e toda individualização estão ligadas ao emprego de índices. Isso quer dizer, repitamos, que os índices caracterizam o domínio da experiência e da realidade empírica. O índice é indicado por meio de (2.2).

Visto que os índices pressupõem mais ou menos os ícones, Peirce distingue dois tipos de índice: os que ele denomina índices "demonstrativos", ou seja, "mostrativos", e os "informativos", porque nos primeiros a participação icônica no signo é mais evidente do que nos últimos. À semelhança do que ocorre com as categorias, também aqui fizemos uso da possibilidade de graus intermédios nas tricotomias.

Um índice autêntico, original ou genuíno está diretamente ligado ao seu objeto. Daí porque o índice genuíno seria o caminho que conduz a um sítio determinado, ao passo que a sinalização viária seria apenas um índice do caminho indicado e, portanto, um índice degenerado. Conseqüentemente, um índice degenerado também pode ser um *símbolo* usado como índice, por exemplo, "B 3" (Bundesstresse 3 [Rodovia Nacional 3]). Em geral, todos os índices verbais são sempre índices degenerados. Para simplificar a questão, chamamos "índice" tanto os índices genuínos como os degenerados.

As dificuldades que obstaculizam a compreensão de ícones e índices ligam-se por vezes (em Umberto Eco, por exemplo) ao fato de não ser possível estabelecermos qualquer coincidência entre signo e objeto ou então qualquer parentesco direto ou semelhança entre signo e objeto. Nos ícones verbais, evidentemente, a coincidência requerida não é de fato encontrada. No entanto, cumpre considerar que todo signo, como tal, é uma criação material que só poderá representar alguma outra coisa como seu objeto quando um intérprete estabelecer seja o signo como meio seja a relação do signo com seu objeto. Sem o intérprete seria impossível falarmos de uma conexão de referência ao meio e de referência ao objeto ou de um primeiro que representa um segundo. Portanto, quando falamos de ícones verbais, isso quer dizer que um intérprete utiliza, em lugar do ícone genuíno da cor azul, por exemplo a palavra *blau* para designar a cor azul em alemão, e assim põe um ícone degenerado em lugar do original. De modo semelhante, o nome próprio de determinada pessoa não é um índice genuíno, visto que não tem nenhuma vinculação direta com seu objeto – só a teria, talvez, se, sob a forma de distintivo (como é de hábito nos congressos), estivesse pregado na lapela da pessoa – mas funciona como índice, visto que possibilita o encontro ou a identificação da pessoa. A um desconhecido pedem-se, via de regra, os documentos, os quais, por sua vez, estão determinados por meio de índices como lugar, data, rubrica, assinatura, carimbo etc. Em outras palavras, um signo é signo de um determinado objeto individual somente quando este é um índice; porque um objeto é estabelecido como tal somente por meio de um ou mais índices. Uma descrição, por exemplo, só é a descrição de um acontecimento efetivo quando índices adicionais determinarem o acontecimento como "aqui e agora". A credibilidade de um acontecimento, eventualmente noticiado num jornal, depende de muitos índices, por exemplo: de que o jornal venha garantido pelo nome (como *Jornal da Tarde*), a data, a edição, o número da página, lugar e data da ocorrência da observação ou da própria ocorrência, nome da agência ou do correspondente etc. Quanto mais índices empregarmos para determinar com exatidão um objeto, mais precisar-se-á tornar a afirmação sobre esse objeto e menos sujeita a modificações será sua identificação.

Peirce, de teste, além da distinção entre índices genuínos e degenerados, entre índices mostrativos e informativos, aponta outros dois tipos de índices: o índice *designativo* (a designação) e o índice *reativo* (o reagente). Aos índices designativos, os quais se referem a "coisas ou quase-coisas individuais, que o pensamento já conhece", pertencem os pronomes pessoais, relativos, demonstrativos, os nomes próprios, as letras numa figura geométrica e as familiares letras da álgebra. Tais designações direcionam forçosamente a atenção para a coisa designada e são "absolutamente indispensáveis tanto para a comunicação como para o pensamento". Os reativos, expressão oriunda da química, compreendem aqueles índices que, segundo Peirce, são, por exemplo, as "agulhas de cânfora espalhadas num jarro com água para ver se o jarro está limpo" ou a indicação de medida "duas milhas" ou um grito de socorro. Entretanto, um reativo não pode indicar "quando o espírito já não conhece de antemão a conexão como fenômeno que ele indica".

O *símbolo* é, segundo Peirce, um signo que é signo independentemente de semelhanças ou vinculações diretas com seu objeto e que por isso designa esse objeto com inteira liberdade. A designação de tipo simbólico só depende do intérprete, que seleciona um meio qualquer de um repertório qualquer para a designação que é empregada no processo de comunicação de modo convencional, constante e invariante. A seleção do meio, ou seja, a construção de um novo signo em relação a um objeto, está, no entanto, restringida pelos símbolos já existentes de um repertório, por exemplo os de uma língua natural, por meio certas convenções que devem ser respeitadas nas novas criações. Quanto às condições a serem levadas em conta na formação de novos conceitos, foi sobretudo Bernard Bolzano, antes mesmo de Peirce, que, em sua *Wissenschaftslehre* [*Teoria da Ciência*], de 1837, as estudou detidamente. Assim, recomenda ele para a formação de novas palavras no alemão, por exemplo, as raízes gregas e latinas, por considerá-las como as mais apropriadas e porque as estipulou como uma convenção para todas línguas européias.

Um símbolo, que – como foi dito – não possui nenhuma vinculação direta com um objeto determinado, tampouco designará, portanto, qualquer objeto ou acontecimento individual, singular, condicionado temporal e espacialmente, mas um tipo de objeto, ou seja, um "objeto geral", assim como a palavra "cão" ou a palavra "casa" são empregadas para a designação de todos os diferentes cães ou casas.

Daí poderem os símbolos ser concebidos, segundo o sublinhou Max Bense, como variáveis que abarcam uma multidão de objetos, de tal modo que cada objeto singular concreto é um elemento dessa multidão de objetos. Se "cão" é entendida como variável, então "cão" abarca todos os cães singulares concretos do presente, do passado e do futuro, os quais, por seu lado, são designados por meio de nomes próprios, isto é, por meio de índices. O símbolo é indicado por meio de (2.3).

O antigo conceito de símbolo, que tem uma função na história e na história da arte, e mesmo na estética hegeliana (por exemplo, o leão como símbolo de força, a pomba como símbolo da paz), apenas aparentemente se afasta da definição de Peirce; pois, embora digamos entender os citados símbolos sem conhecer as convenções, concebendo-os, quiçá, quase como designações icônicas, a "pomba", como símbolo da paz, foi selecionada com inteira liberdade e como símbolo não tem com a paz uma vinculação direta – o que não seria possível, porque não se refere a uma paz concreta – nem qualquer semelhança, visto que os conceitos abstratos não têm propriedades sensíveis perceptíveis que possam ser representadas.

Cumpre, todavia, ressaltar que cada signo isolado de um repertório, que na referência ao meio é um legi-signo, na referência ao objeto só poderá ser um símbolo. Assim, por exemplo, são símbolos puros ou "legi-signos simbólicos" todas as palavras da língua alemã tais como aparecem num dicionário, isto é, não como aparecem vinculadas na conexão da proposição. Somente no contexto da proposição são as palavras consideradas não apenas sob o aspecto de serem meios de um repertório, e sim pelo fato de, além disso, referirem-se a objetos por elas designadas, e, embora possam ser apenas ícones ou índices degenerados, passem daí em diante a designar seus objetos, como diríamos, efetivamente de modo simbólico, indexical ou icônico.

Como ocorre com o ícones e com o índice, cabe também perguntar, no caso do símbolo, se, ao lado dos símbolos autênticos, originais, genuínos, existem símbolos degenerados. Peirce distingue dois símbolos degenerados: 1. o *símbolo singular*, por exemplo a palavra "lua", que se refere a um único objeto, e 2. o *símbolo abstrato*, por exemplo a palavra "humanidade", que não significa apenas "todos os homens", mas também designa uma síntese de todos os homens.

Os símbolos, que são selecionados livremente e não representam seus objetos e nem têm vinculação direta com eles, podem, no entanto, ser explicados por meio de índices, quando indicamos objetos, ou por meio de ícones, quando os comparamos com objetos já conhecidos ou os explicamos por meio de uma imagem lingüística. As explicações icônicas e indexicálicas dos símbolos são encontradas sobretudo no ensino lingüístico, ou melhor, no ensino de um idioma estrangeiro, quando as palavras novas são fornecidas por meio da indicação de objetos ou da comparação com outras, isso quando não se recorre diretamente a uma tradução.

Os símbolos desempenham importante função em todos os sistemas de signos das ciências e são indispensáveis para a representação de quaisquer objetos ou eventos em suas relações ou referências (em fórmulas e teoremas, por exemplo). Além disso, trata-se, o mais das vezes, de símbolos que estão em lugar de outros símbolos e, na verdade, também deveriam ser denominados símbolos degenerados (quando, por exemplo, para a fórmula "força é igual a massa vezes aceleração", escrevemos: $f = m.a$). Com a substituição das palavras por letras, tornam-se mais captáveis as relações entre os eventos ou objetos designados por meio de palavras; em especial as relações operacionais que são assim caracterizadas de modo muito claro.

A referência ao objeto do signo pode, segundo a tabela (da seção 1.3: "As Referências do Signo"), ser representada mediante os pares numéricos 2.1, 2.2, 2.3, de modo que o ícone caracteriza a referência ao objeto no primeiro grau, o índice a referência a objeto no segundo grau e o símbolo, a referência ao objeto no terceiro grau. O signo próprio, autêntico ou genuíno é, evidentemente, o símbolo, porque representa uma terciaridade. Os outros dois, índice e ícone, devem ser concebidos como graus de degeneração. Todas essas três designações devem, no entanto, ser entendidas – tanto quanto a referência ao meio – como uma seqüência gerativa; porque um índice se apóia num ícone, assim como um símbolo se apóia tanto num índice como num ícone, o que já ficou esclarecido pelas explicações precedentes.

Portanto, se a referência ao objeto serve em geral para representar objetos ou eventos, ou seja, o mundo exterior ao signo, podemos dizer com Bense: o signo tem uma *função designativa* que sempre precede a *função significativa*.

Já que três subsignos originados numa tricotomia (ou seja, numa referência) constituem uma relação triádica, podemos então perguntar, antes de mais nada, como poderão combinar-se os subsignos da referência ao meio com os da referência ao objeto. Sob a condição de que os pares numéricos da referência ao meio (primaridade) precedam os da referência ao objeto (secundaridade) e os *valores de posição* (Bense), isto é, os segundos números dos pares numéricos da referência ao objeto devem ser iguais ou menores do que os da referência ao meio, produzem-se as seguintes possibilidades combinatórias:

1.1	2.1
1.2	2.1
1.2	2.2
1.3	2.1
1.3	2.2
1.3	2.3

Essas seis díades ou relações de duas posições fazem-nos cientes de que um quali-signo (1.1), na referência ao objeto, só pode ser icônico (2.1), ao passo que um sinsigno (1.2) poderá ser tanto icônico (2.1) quanto indexicálico (2.2), e um legi-signo (1.3), não só icônico (2.1) e indexicálico (2.2) como também simbólico (2.3).

Outro aspecto, vinculado a ícone, índice e símbolo, é recolhido por Bense no tocante à questão de haver ou não para um ícone (como uma silhueta feminina recortada de um retrato) um ícone complementar, que seria no caso, para o contorno negro do recorte, o correspondente contorno do fundo. A partir dessa consideração, surge para ele a seguinte questão: não deveria a operação da "negação", fundamental para a lógica, ser concebida na semiótica como a complementação de um signo ou de um subsigno por meio do correspondente "outro" da representação que aparece junto a ele, isto é, como "complemento" ou "co-signo"? Aqui não nos deteremos, porém, mais longamente sobre esse ponto.

1.3.4. Domínios Objetuais ou Domínios Temáticos

Toda designação refere-se a algo (um objeto ou evento, uma propriedade ou relação), que pelo menos pertence a um *domínio objetual* ou a um *domínio temático*; visto que, assim como não há um signo isolado, independente de outros signos (pois todo signo pertence a um repertório de meios), tampouco haverá um objeto que seja independente de outros objetos que constituem um domínio objetual. Obviamente, um objeto pode pertencer a muitos domínios, por exemplo, ao domínio artístico, científico, técnico, artesanal, social ou político.

Vejamos aqui, como exemplo, o vinho: a palavra "vinho" funciona nas mais diversas asserções realizadas acerca do vinho, e precisamente porque o vinho é um "objeto tematizado" nos mais diversos domínios objetuais. Assim, o vinho pode estar na mesa do almoço; seu domínio objetual seria, no caso, a refeição, isto é, todos os elementos e utensílios que, de modo sumário, designamos como "refeição". Se analisado quimicamente, o que é tarefa da química dos alimentos, será considerado como um composto de substância químicas – como água, ácido, álcool, açúcar etc. –, as quais compõem esse domínio objetual. O vinho pode ser pisado e engarrafado de diferentes maneiras, no que se refere ao seu processo técnico de produção, isto é, nesse caso, o vinho pertence ao domínio dos instrumentos técnicos. O vinho pode aparecer em muitos outros domínios como objeto tematizado, por exemplo, na vitivinicultura, no comércio, na medicina, na gastronomia. O vinho requer, como objeto de diversos domínios objetuais, nas diferentes situações, determinados signos, os quais representam o "objeto" vinho em conexão com outros objetos do mesmo domínio, e, dependendo do domínio, emprega-se a linguagem natural, a linguagem específica científica ou técnica, ou a linguagem formal química ou matemática.

Mario Bunge falou da *homogeneidade* dos objetos e das propriedades desses objetos numa teoria, ressaltando que cada teoria não só representa uma *unidade conceitual* como também possui um *domínio temático* unitário, ao qual se refere. As teorias levam o nome de seu último objeto de referência. Também os predicado devem ser *semanticamente homogêneos*, a saber, numa teoria física só há predicados físicos.

Quando se compreende um signo como relação triádica, em cada signo, evidentemente, já estará juntamente determinado o algo que é designado, ou seja, o signo como meio não só é, em si mesmo, um algo, mas é, além disso, um algo que se refere a outro algo e assim é compreendido.

Na revista *Communications* (13, 1969), realizam-se tentativas para formular uma teoria sobre aqueles objetos que têm significado como "produtos" do homem. Tais investigações interessam-nos sobremaneira porque, juntamente com os pontos de vista psicológicos e sociológicos, também se discutem, nessa teoria dos objetos, aspectos semióticos, lógicos e estéticos, empregados sobretudo por A. A. Moles para conotar os objetos segundo critérios estéticos como "kitsch" ou "arte".

Uma classificação geral dos objetos no sentido ontológico-cosmológico provém de Max Bense, que distingue quatro tipos de objetos: 1. o *objeto natural* (ON), caracterizado como "dado", "determinado" e "antecipável"; 2. o *objeto técnico* (OT), caracterizado como "não dado", mas "determinado" e "antecipável"; 3. o *objeto de "design"* (OD), ou seja, projetado, caracterizado como "não dado" e "não determinado", mas "antecipável"; e finalmente 4. o *objeto de arte* (OA), caracterizado como "não dado", "não determinado" e "não antecipável". Se interpretarmos, conforme quero propor, "antecipável" como possibilidade, "dado" como realidade e "determinado" como necessidade, produzir-se-ão as seguintes possibilidades de descrição:

ON:	possível	real	necessário
OT:	possível	não real	necessário
OD:	possível	não real	não necessário
OA:	não possível	não real	não necessário

Na segunda parte, retornaremos a uma teoria do objeto determinada de modo puramente semiótico, e que pode ser desenvolvida com base na referência ao objeto. Como a distinção entre "objetos naturais" e "objetos culturais", cada objeto cultural pode, segundo Marie König, ser considerado como algo que concretiza "um pensamento", isto é, que possui um aspecto semiótico.

Nesse ponto, cumpre-nos ainda remeter às pesquisas lingüísticas sobre "semântica", que, sob a forma de "pesquisas do campo lingüístico", "teoria do contexto" e "semântica descritiva" (há, obviamente, outros conceitos e representações que pertencem a esse círculo), tratam da relação entre linguagem e realidade e preocupam-se em "resolver o problema da designação" (Ullmann). A esse campo pertencem também perguntas sobre a multiplicidade de significado, a mutação de significado, sobre polissemia, homonímia, sinonímia, pseudonímia e etimologia, sobre a essência e as causas da mutação de significado, sobre a restrição, a transferência do significado, sobre sinestesia e metáfora etc.

O conceito "semântica" foi introduzido na teoria dos signos, como dissemos na introdução, sobretudo por Charles W. Morris. Morris coloca sob esse conceito a parte da semiótica que trata da relação entre signo (meio, portador de signo) e objeto. Já os lingüistas não vêem nele apenas essa relação mas também a função significativa do signo, ou seja, a relação do signo com o interpretante e que Morris denomina "pragmática". Na verdade, hoje, a "pragmática" – também no próprio Morris – é entendida como função de uso e de aplicação do signo no sentido da manipulação deste e pouca relação tem com o significado. Uma nítida distinção entre a função de designação e a função de significado, ou seja, (M $\Rightarrow$ O) e (O $\Rightarrow$ I) – conforme assinala Bense – permite explicar a relação (I $\Rightarrow$ M) como função de uso. Com isso, Bense estabeleceu uma clara distinção entre significado e uso ao invés de identificá-los, como o fez, por exemplo, Wittgenstein. Essa distinção assumirá futuramente uma importante função, sobretudo no que concerne à aplicação da semiótica. Visto os trabalhos a respeito não estarem concluídos, contentamo-nos aqui em indicar essas possibilidades.

1.3.5. A Referência ao Interpretante do Signo

Cada signo, como relação triádica, só é um signo completo quando um meio designa um objeto *para alguém* ou – dito de outro modo –

quando *alguém* emprega um meio para a designação de um objeto. Esse "alguém" é também denominado *intérprete* do signo. Contudo, na aplicação ou interpretação de um signo não se deve apenas pensar numa pessoa para a qual ou a partir da qual um signo é formado, mas também que um signo é, em geral, "interpretável", isto é, que tem um *significado*. Este não é fornecido junto à referência ao meio ou ao objeto, mas requer um terceiro elemento, o que vale, em geral, dizer "aquilo que interpretar", ou o "interpretante" do signo, isto é, a conexão sígnica na qual o intérprete compreende o signo. Daí porque cabe investigar na seqüência essa terceira referência do signo, a *referência ao interpretante*.

Não foi Peirce quem primeiro falou sobre o "significado" ou o "interpretante" do signo, como deixamos claro no panorama histórico, mas foi Peirce quem deu sobre a referência ao interpretante as explicações mais precisas, se as compararmos com as dos seus predecessores.

No que concerne à referência ao interpretante, antes de tudo é importante o fato de ele estar em terceiro lugar na tríade e representar uma autêntica terciaridade. Além disso, igualmente importante é o fato de que a referência ao interpretante, assim como a referência ao meio e ao objeto, pode subdividir-se de modo tricotômico, ou, mais precisamente, em rema, dicente e argumento.

Cada signo singular, ou seja, cada conjunto aberto de signos singulares, é denominado, segundo Peirce, *rema*. Esta é a palavra grega utilizada para indicar o signo singular. Por exemplo, uma predicação como "...é vermelho" ou "...é o amante de..." é um rema. Um signo que seja remático na referência ao interpretante poderá, na referência ao objeto, ser um ícone, um índice ou um símbolo. Quando falamos em "ícone remático", "índice remático" ou "símbolo remático", entendemos esses signos como signos "abertos" na referência ao interpretante, os quais não podem ser julgados e que, considerados logicamente, não são nem verdadeiros nem falsos. Na lógica clássica esses signos foram denominados "conceitos", o que ocorre, sem dúvida, em Aristóteles, com a ressalva de que este, em sua lógica, só admitiu como conceitos os "símbolos remáticos".

No entanto, se, com Max Bense, entendermos como referência ao interpretante do signo a formação de conexões de signos, poderemos então designar o rema como "conexão aberta", que não conduz nem ao juízo, nem à decisão, nem à ação. Uma conexão aberta (completável, incompleta) é uma predicação mas também pode ser uma maneira de dizer, uma metáfora; no domínio visual, uma estrutura, um modelo, um ornamento ou elemento ornamental isolado etc. Os signos remáticos ou remas representam o grau inferior da tricotomia da referência ao interpretante, que caracterizamos por meio de (3.1).

Um *dicente* (do latim *dicere*, dizer ou enunciar) é um signo que – como o expressa Peirce – é "capaz para a afirmação", isto é, o dicente não é uma afirmação, mas toda afirmação é obviamente um dicente. Considerado logicamente, o dicente (a "proposição") é verdadeiro ou falso, isto é, pode ser julgado, avaliado e decidido. Todo signo dicente determina um juízo ou uma ação do intérprete. É uma "conexão fechada", que não só não deve ser completada como representa, em si mesma, uma totalidade.

Um dicente informa sobre seu objeto, enuncia algo sobre o objeto que nele está representado. Na arquitetura, por exemplo, a fachada de um prédio, que representa efetivamente uma unidade fechada e como tal pode ser julgada ou afirmada, é um dicente.

Sendo um dicente uma forma unitária, e sendo, como totalidade, um signo de um repertório mais elevado (por exemplo, o repertório de proposições diferencia-se do repertório das palavras com as quais se forma a proposição), a nova referência ao objeto do dicente como totalidade (ou seja, como proposição) é um ícone e, mais precisamente, um ícone superizado ou superícone. Mais adiante, consideraremos mais detidamente a "formação de supersignos", ou seja, o superícone, o superíndice e o supersímbolo, e notadamente em conexão com as operações e funções sígnicas.

O dicente, como segundo grau da tricotomia da referência ao interpretante, pode ser indicado como (3.2).

O *argumento* é o último dos subsignos possíveis na referência ao interpretante. Representa uma conexão de signos completa, regular e é, considerado logicamente, necessariamente verdadeiro, ou "sempre verdadeiro". Como "conexão completa" não é apenas uma conexão de signos complexa mas, mais que isso, é a conexão completa e dependente de regras de todos os signos empregados. Assim, por exemplo, as figuras do silogismo da lógica, como

$$A \text{ é } B$$
$$\frac{B \text{ é } C}{\text{Logo, } \quad A \text{ é } C,}$$

ou as formas poéticas, como as formas do soneto, bem como os sistemas de axiomas das ciências.

No argumento, a referência ao objeto pode ser apenas simbólica, e os meios empregados podem ser, obviamente, apenas legi-signos. O argumento representa uma pura terciaridade, isto é, é uma terciaridade tanto na tríade sígnica como na tricotomia sígnica, e, em cada relação, depende somente do interpretante, sendo indicado por meio de (3.3).

A tricotomia da referência ao interpretante é, em decorrência, indicada por meio de (3.1) (3.2) (3.3).

Uma vez que se entenda rema, dicente e argumento como "conceito", "proposição" e "silogismo" da lógica, e que se considerem (como Edmund Husserl, Bernard Bolzano e outros) essas categorias lógicas como "categorias de significado", conseqüentemente isso também será um respaldo para o fato de que a referência ao interpretante da semiótica diga respeito ao significado do signo.

Ora, o conceito de "significado" tem sido empregado no uso lingüístico de lingüistas e gramáticos, como também de certos semióticos, de modo impreciso, visto que não distinguem eles conceitualmente "designação" de "significado", sobretudo nos signos verbais. Quando falam de "significado", na maioria das vezes querem dizer "designação". Se uma palavra é, por exemplo, "ambígua", não o será por ter diversos significados, e sim por designar diferentes objetos, enquanto que seu significado permanece, em cada caso, remático. Podemos, sem dúvida, dizer que quando um signo tem um significado remático, a referência ao objeto, ou seja, a função de designação do signo precede a referência ao interpretante, isto é, a função de significado do signo, e que num rema se acham "contidos" os três subsignos da referência ao objeto, isto é, ícone, índice e símbolo. Por isso podemos, sem dúvida, falar de remas icônicos, indexicálico e simbólicos, o que foi assinalado por Bolzano – embora com outras palavras –, em que pese sua concepção do signo ser essencialmente mais restrita que a de Peirce.

Numericamente podemos formular a combinação de rema e referência ao objeto da seguinte maneira: (3.1 2.1) (3.1 2.2) (3.1 2.3), sendo indiferente, já de começo, que se coloque a referência ao interpretante antes da referência ao objeto ou vice-versa.

É impossível, a partir do signo como meio, percebermos o que um signo designa; porque cada signo, como elemento isolado, pode designar qualquer objeto. O objeto do signo, mesmo quando não diretamente perceptível, pode, no entanto, ser estabelecido pelo fato de que um ou muitos enunciados são feitos sobre o objeto, determinando, cada vez com maior precisão, esse mesmo objeto. Isso, porém, quer dizer que um signo, que serve para a designação, é determinado, explicado ou interpretado por meio de outro ou de muitos outros signos. Todos os "signos são explicados mediante signos", diz Peirce. O signo interpretante pode ou deve, por sua vez, ser explicado, de tal modo que a explicação do primeiro interpretante se transforma num segundo meio, que é, por sua vez, interpretado, e assim por diante. O processo da interpretação pode, em princípio, prosseguir *ad infinitum*, mas é, o mais das vezes, interrompido tão logo se considere a explicação suficiente. O processo de explicação ganha clareza graças ao esquema que se segue na página seguinte.

A respeito desse processo, diz Peirce que os "signos crescem". Não se trata, contudo, nesse processo, da formação de conexões ou de um contexto, que represente a vinculação de muitos signos ou de mui-

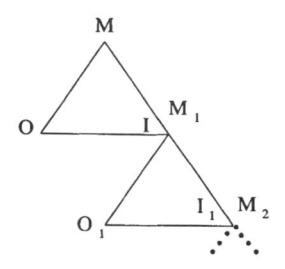

tas proposições, mas da formação de hierarquias de signos. Isto é, um "signo-objeto" é interpretado por meio de um "metasigno", uma "proposição-objeto" mediante uma "metaproposição". Por exemplo: se "a rosa é vermelha" é uma proposição-objeto, que fala sobre um objeto externo, então a proposição, que fala sobre essa primeira proposição – por exemplo: "é verdade que a rosa é vermelha" –, é uma metaproposição, porque seu objeto já é um signo, isto é, uma proposição. Se nos complexos de signos, em conexões de signos, ou seja, em supersignos, também se estabelecem com freqüência hierarquias de signos, independentemente de tratar-se de signos visuais (imagens ou esquemas) ou de signos verbais (textos literários ou científicos), também é possível, além disso, ali detectarmos "estratos de signo", segundo salienta Bense.

Distinguimos signos e conexões de signos, signos elementares e signos moleculares. Um signo simples elementar não pode ser desarticulado em signos, mas pode ser cindido em partes constitutivas materiais ou constituintes. Essa determinação vale em relação a um repertório determinado, mesmo quando estabelecido de modo arbitrário. O signo composto ou molecular, considerado como elemento de um repertório novo, superior, é uma conexão fechada, ou seja, um dicente (por exemplo, um supersigno icônico ou um superícone), ou uma conexão completa, ou seja, um argumento (por exemplo, uma figura de silogismo, um cálculo, ou o arco-íris, isto é, o espectro óptico ou visual).

Mesmo quando uma abstrata "linguagem de precisão" das ciências estabelece o emprego de seus signos por meio de definições, ainda assim necessita para seu esclarecimento ou interpretação da imprecisa linguagem corrente, que desse modo se torna "metalinguagem suprema". Um exemplo: é certo que os matemáticos do mundo inteiro podem facilmente captar as relações de seus signos independentemente de suas respectivas linguagens correntes (de suas "línguas naturais", diferentes da linguagem "artificial" de precisão), porém necessitam de suas linguagens correntes para expor e esclarecer esses signos matemáticos. Cria-se aqui a situação paradoxal de as imprecisões da linguagem corrente – excluída de uma linguagem de precisão – continuarem a penetrar a cada novo esclarecimento.

Falando de modo geral, o interpretante é um "signo que interpreta" ou uma "consciência que interpreta", sendo que aqui a "consciência" não deve restringir-se ao ato de pensar, mas incluir, segundo Peirce, também a sensação e a experiência. Todos os interpretantes juntos formam um "campo interpretante" ou um "campo de significação", isto é, cada tipo de interpretação se baseia em interpretações já existentes, as quais fornecem o fundo para interpretações especiais. Visto concebermos os interpretantes como conexões de signos, o campo interpretante será uma vinculação mais complexa de conexões dos mais diversos tipos, para cuja formação se empregam determinadas operações.

Outra diferenciação de referência ao interpretante, ou seja, do interpretante em geral, ocorre quando se levam em conta os "efeitos significativos" do signo. Os "efeitos significativos" que podem ter os signos são denominados por Peirce: 1. "interpretante emocional", 2. "interpretante energético" e 3. "interpretante lógico". Se o efeito significativo de um signo for uma sensação, trata-se então de um interpretante emocional; se o signo causar um esforço, uma atividade ou uma ação, temos então um interpretante energético; se o efeito significativo de um signo for um pensamento ou outro signo espiritual, temos então um interpretante lógico. O único efeito espiritual de um signo, ou seja, o "último interpretante lógico", que não é signo, mas que pode ser considerado de modo geral, é uma "mudança do hábito de pensamento", como salienta Peirce.

Lembro aqui essa diferenciação porque, a partir dela, fica claro que o campo interpretante não é apenas uma conexão de vinculações. A ele pertencem também sensações e ações com base em signos, além do pensamento, o qual se expressa em signos. Em outras palavras, o interpretante emocional, energético e lógico representa uma estruturação ulterior de todo o campo interpretante, se considerarmos os efeitos do signo – o que é importante, sobretudo, para a aplicação da semiótica – como efeitos sobre o intérprete. O campo interpretante também está estreitamente vinculado, evidentemente, a ciências como a teoria da percepção, a teoria do conhecimento, a teoria da ciência, a gramática, a lógica, a axiologia etc., as quais fundamentalmente investigam o significado, os efeitos e o emprego dos signos, os processos e sistemas sígnicos.

Em estreita correspondência com a vinculação de $M \Rightarrow O$, a referência ao objeto e a referência ao interpretante conectam-se nas seguintes díades:

2.1	3.1
2.2	3.1
2.2	3.2
2.3	3.1
2.3	3.2
2.3	3.3

Isto é: 1. A interpretação de um ícone é possível rematicamente, isto é, numa conexão aberta; 2. a interpretação de um índice pode ser remática ou dicêntica; 3. a interpretação de um símbolo pode ser tanto remática como dicêntica ou argumêntica.

Tal como na combinação da referência ao meio com a referência ao objeto, resultam daí seis díades, três das quais representam relações de subsignos do mesmo grau, isto é, (2.1 3.1), (2.2 3.2), (2.3 3.3), devendo as três outras serem entendidas como graus intermédios.

Se as duas tabelas forem escritas uma ao lado da outra, obtêm-se as seguintes díades:

M	$\Rightarrow$	O		O	$\Rightarrow$	I
1.1		2.1	2.1			3.1
1.2		2.1	2.2			3.1
1.2		2.2	2.2			3.2
1.3		2.1	2.3			3.1
1.3		2.2	2.3			3.2
1.3		2.3	2.3			3.3

Se quisermos reunir as díades separadas (M $\Rightarrow$ O e O $\Rightarrow$ I), as quais podem ser explicadas como "união" (1.1 $\cup$ 2.1), numa tríade, isto é, numa "classe" triádica, poderemos unir duas díades, aquelas em que seus membros médios coincidem numericamente, isto é, formam uma "intersecção" (1.2 2.1 $\cap$ 2.1 3.1). Se destacarmos as combinações assim possíveis por meio de linhas de conexão, veremos que realmente se produzem as *dez classes de signos* formuladas por Peirce, os quais contêm como tríades ordenadas, cada uma isoladamente, um subsigno a partir de M, O e I.

1.4. A FORMAÇÃO DE CLASSES DE SIGNOS COMO RELAÇÕES TRIÁDICAS

Na histórica da semiótica encontramos diversas subdivisões ou classificações de signos, por exemplo, a subdivisão em "originais", "derivados", "artísticos", "naturais", "representativos", "indicativos", "lembrados", "saturados", "incompletos" e muitos outros.

A classificação dos signos de Peirce não se apóia em determinações ou traços exteriores, mas é feita com base no pressuposto do signo como uma relação triádica com seus subsignos provenientes das referências ao meio, ao objeto e ao interpretante.

Por classe de signos entendemos, com Peirce, a síntese de três subsignos provenientes de cada uma das referências do signo. Com base na exigência de um ordenamento tanto da tríade como da tricotomia, não se formam $3^3 = 27$ classes de signos – chamá-las-emos, com Bense, de "classes de significados" –, mas apenas dez classes ordenadas.

De resto, a relação sígnica triádica – e cada classe de signos é uma relação triádica desse tipo – é uma relação sobre relações, fato para o qual Max Bense ainda recentemente chamou a atenção e com insistência. Isso, porém, significa que a referência ao meio (ou seus subsignos) é uma relação monádica, a referência ao objeto, uma relação diádica, e a referência ao interpretante, uma relação triádica. Podemos representar essa situação da seguinte maneira: S= R(M, M ⇒ O, M ⇒ O ⇒ I).

A tabela dessas classes de signos ordenadas do interpretante para a referência ao meio é vista da seguinte maneira:

1. icônico-remático   quali-signo
2. icônico-remático   sinsigno
3. indexicálico-remático   sinsigno
4. indexicálico-dicêntico   sinsigno
5. icônico-remático   legi-signo
6. indexicálico-remático   legi-signo
7. indexicálico-dicêntico   legi-signo
8. simbólico-remático   legi-signo
9. simbólico-dicêntico   legi-signo
10. simbólico-argumêntico   legi-signo

Na última coluna, ou seja, na referência ao meio, pode-se detectar uma geração do quali-signo em direção ao legi-signo por meio do sinsigno.

Podemos também ordenar, obviamente, essas dez classes de modo tal que na referência ao objeto seja detectável uma geração do ícone por meio do índice em direção ao símbolo ou, na referência ao interpretante, uma ordem que vá do rema, por meio do dicente, em direção ao argumento.

As classes de signos da tabela dada apresentam-se grafadas numericamente da seguinte maneira:

1)	3.1	2.1	1.1
2)	3.1	2.1	1.2
3)	3.1	2.2	1.2
4)	3.2	2.2	1.2
5)	3.1	2.1	1.3
6)	3.1	2.2	1.3
7)	3.2	2.2	1.3
8)	3.1	2.3	1.3
9)	3.2	2.3	1.3
10)	3.3	2.3	1.3

Por combinarem subsignos de um único grau tricotômico, a primeira, a sétima e a décima classes de signos são denominadas *classes sígnicas fundamentais*; as outras classes são graus intermediários e unem subsignos de diferentes graus. A primeira classe é *orientada puramente para o meio*, a sétima é *puramente orientada para o objeto*, e a décima classe, a última e superior, é *orientada puramente para o interpretante*.

Da primeira classe de signos (3.1. 2.1 1.1) até a décima classe de signos (3.3 2.3 1.3) aumenta a "potência sígnica", a "capacidade de representação", ou seja, a "semioticidade", de modo que podemos falar de uma semioticidade ínfima, mas de uma mais forte "referência ao mundo" na primeira classe, e de uma semioticidade máxima, mas de uma mais débil referência ao mundo na décima classe. "O signo" – dizia Peirce – "é geralmente indeterminado", só abarca fragmentos do domínio material e é, apesar de tudo, o único meio pelo qual podemos abarcar, ou seja, conhecer o "mundo" e o "ambiente que nos cerca".

A "realidade" foi introduzida como uma das três modalidades do ser juntamente à "possibilidade" e à "necessidade", e subordinada às categorias. As classes sígnicas remáticas podem então ser também caracterizadas pela possibilidade, as dicênticas pela realidade, e a argumêntica pela necessidade, de modo que fica claro que só a classe de signos argumêntica pode ser determinada logicamente como "necessariamente verdadeira". Sendo classes dicênticas determinadas como "verdadeiras ou falsas" e as classes remáticas como "nem verdadeiras nem falsas".

Para não ficarem excessivamente abstratas, as dez classes de signos serão, a seguir, descritas ou explicadas brevemente, segundo as exposições de Peirce:

1. *O quali-signo icônico-remático* (3.1 2.1 1.1) – Associa um quali-signo a uma ícone na referência ao objeto e a um rema na referência ao interpretante. Um quali-signo – como uma cor – só pode designar seu objeto iconicamente. Por exemplo, a cor "laranja", quando empregada para designar, é uma qualidade que possui semelhança com a qualidade cromática da laranja, da qual recebeu o nome, isto é, designa seu objeto iconicamente. Na referência ao interpretante é remática, porque aparece como conexão aberta. Essa tríade, visto que todos os seus subsignos correspondem sempre a uma primaridade, representa a *primeira classe sígnica fundamental*.

2. *O sinsigno icônico-remático* (3.1 2.1 1.2) – é, como signo, um objeto ou um acontecimento da experiência, no qual a idéia do objeto é determinada por uma de suas qualidades. Não proporciona, contudo, nenhuma informação completa sobre seu objeto, mas apenas informa sobre um aspecto. Peirce indica como exemplo um "diagrama individual", como a curva de febre de um dado enfermo.

3. *O sinsigno indexicálico-remático* (3.1 2.2 1.2) – é um objeto ou um acontecimento da experiência direta, que remete a outro objeto, ao qual está diretamente vinculado, por que é por este causado. Como signo singular é remático. Um grito espontâneo (de dor, raiva ou de alegria) é um exemplo.

4. *O sinsigno indexicálico-dicêntico* (3.2 2.2 1.2) – é, segundo Peirce, um objeto ou acontecimento da experiência direta, que, como signo, proporciona informação sobre seu objeto, que é um fato atual, um estado de coisas atual. À guisa de exemplo, Peirce propõe o cata-vento, cuja posição atual (dependente do espaço e do tempo) fornece informação sobre a efetiva direção do vento. Também uma proposição observativa, que pode ser formulada e verificada em lugar do estado de coisas, é um signo, isto é, uma conexão fechada, verdadeira ou falsa, um dicente.

5. *O legi-signo icônico-remático* (3.1 2.1 1.3) – é um tipo geral (ou uma lei geral), em que cada momento deve implicar qualidades determinadas, a fim de evocar no intérprete a idéia de tal objeto. Peirce dá como exemplo um "diagrama geral", que independe de uma atualidade fática, por exemplo, as curvas de febre típicas, geralmente avaliáveis como signo de enfermidades determinadas (sarampo, difteria etc.), em que o que importa não é que esteja em questão um paciente determinado mas que as curvas de febre de diferentes pacientes, no caso de tal enfermidade, se delineiem similarmente. Se substituirmos o legi-signo dessa classe por um sinsigno, a curva geral transformar-se-á numa curva especial.

6. *O legi-signo indexicálico-remático* (3.1 2.2 1.3) – é, segundo Peirce, um tipo geral (ou uma lei geral), cujos momentos isolados chamam de fato a atenção para um objeto determinado. Esses signos, que estão diretamente vinculados a seus objetos, são de natureza remática na referência ao interpretante. Os objetos podem ser objetos externos ou signos que sejam tema de uma investigação. Como exemplo dessa classe de signos, Peirce menciona os pronomes demonstrativos, os numerais, advérbios, preposições, os quais, todos, exigem um objeto direto que seja por eles indicado. Bense ressaltou o fato de que o "estado estético" de uma obra de arte, o "número" ou o "gráfico" representam tal signo. O próprio signo, a "temática do signo", é caracterizada por essa classe. (Ainda nos deteremos mais detalhadamente sobre esse ponto.)

7. *O legi-signo indexicálico-dicêntico* (3.2 2.2 1.3) – é, segundo Peirce, um tipo (ou lei geral) que fornece uma informação determinada sobre seu objeto e compele o intérprete à ação ou à decisão. Um sinal de trânsito (por exemplo, a placa "pare"), mas também uma ordem (uma proposição imperativa) são, entre outros, signos dessa natureza.

8. *O legi-signo simbólico-remático* (3.1 2.3 1.3) – é, segundo Peirce, um signo que está vinculado a seu objeto por meio de uma associação de idéias gerais. Cada nome geral (*nomen*) como "casa", "cão" etc., que é um legi-signo na referência ao meio, designa simbolicamente seu objeto. Cada signo como elemento de um repertório de-

terminado é um exemplo dessa classe de signos, como as palavras num dicionário (independentemente de seu ordenamento alfabético ou da freqüência com que aparecem). Visto aparecer singularmente, sem vinculação com outros, tal signo é remático na referência ao interpretante. Esta classe de signos corresponde também ao "conceito" lógico.

9. *O legi-signo simbólico-dicêntico* (3.2 2.3 1.3) – é, segundo Peirce, um signo que – como a classe precedente – está vinculado a seu objeto por meio de uma associação de idéias gerais para realizar uma asserção sobre esse objeto. Peirce dá como exemplo as "proposições comuns", tais como "a rosa é vermelha", "os gregos são europeus", que podem funcionar como "premissas" lógicas numa figura silogística.

10. *O legi-signo simbólico-argumêntico* (3.3 2.3 1.3) – é a última e mais elevada classe de signos. O argumento é o signo de uma conexão de signos completa, regular (legal), na qual os objetos são designados simbolicamente, mas – diferentemente da classe precedente – o que se determina não são os objetos e sim a conexão dos signos acerca de determinados objetos (e portanto, a conexão do legi-signo simbólico-dicêntico). Exemplos disso são as figuras do silogismo ou da demonstração, as formas poéticas etc. Como na figura do silogismo da lógica, a conclusão resulta necessariamente das premissas, cada conexão argumêntica de signos é completa e sem contradições, ou seja, "necessariamente verdadeira" ou "sempre verdadeira". Em cada realização de produtos técnicos ou estéticos faz-se uso de argumentos no sentido de tais conexões regulares, mesmo quando os produtos em si não são naturalmente argumentos.

Esquema das Classes de Signos em Peirce

I quali-signo icônico- remático	V legi-signo icônico- remático	VIII legi-signo simbólico- remático	X legi-signo simbólico- argumêntico
	II sinsigno icônico- remático	VI legi-signo indexicálico- remático	IX legi-signo simbólico- dicêntico
		III sinsigno indexicálico- remático	VII legi-signo indexicálico- dicêntico
			IV sinsigno indexicálico- dicêntico

Expresso em números categoriais:

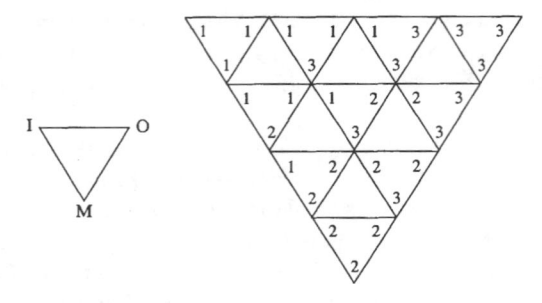

Se escolhemos as três *classes sígnicas fundamentais:*

3.1	2.1	1.1
3.2	2.2	1.2
3.3	2.3	1.3

então, uma vez mais, a primeira classe sígnica fundamental corresponde à primeira categoria em todos os subsignos, de modo que essa classe de signos também se pode designar como a classe puramente *orientada para o meio.* A segunda classe corresponde a todos os subsignos da segunda categoria e pode ser designada como *puramente orientada para o objeto.* Finalmente, a terceira classe corresponde a todos os subsignos da terceira categoria e está *puramente orientada para o interpretante.* O que, mais concretamente, significa o seguinte: a primeira, bem como todas as outras classes remáticas, são signos considerados com base, sobretudo no meio que é empregado para a designação e que, obviamente, na sua designação, não é independente de seu objeto e interpretante. As classes dicênticas, designadas como orientadas para o objeto, são signos compostos (conexões fechadas) que fazem asserções a respeito de seus objetos ou dão informações acerca de seus objetos, os quais, então, de modo explícito, encaminham cada intérprete para o objeto. O argumento está orientado para o interpretante, porque nem o signo como meio nem os objetos, mas apenas as relações entre os signos empregados são interessantes para o intérprete e por ele compreendidas "como se fossem signos de um universo no qual as premissas valem como demonstradas", segundo expressão de Peirce. Esse "como se" alude à natureza hipotética das premissas num silogismo; porque também dizemos: "admitindo-se que isso e aquilo é o caso, daí se segue necessariamente isto". Semelhante formulação mostra muito nitidamente que as conexões, numa figura de silogismo (como exemplo de uma classe legi-sígnica simbólico-argumêntica), não dependem dos objetos, que são designados por meio de símbolos, mas das relações entre os símbolos, que estão em lugar de determinado objeto, e, portanto, dependem do interpretante.

Desejaria ainda uma vez voltar à tabela dos subsignos, com base na qual se formam as classes sígnicas. Ao lado da tabela também pode ser indicado um esquema baseado no primeiro esquema sígnico (seção 1.3.):

Esquema de Signos com Tricotomia:

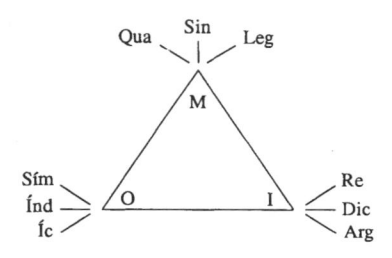

Tabela dos subsignos   *Pequena matriz*

Quali-signo	Sinsigno	Legi-signo	1.1	1.2	1.3
Ícone	Índice	Símbolo	2.1	2.2	2.3
Rema	Dicente	Argumento	3.1	3.2	3.3

Rita H. Helmholtz e Gerald R. Blomeyer, ambos da Hochschule für bildende Künste (Escola Superior de Artes Plásticas de Hamburgo), esboçaram o seguinte esquema gráfico das classes de signos que se podem formar com base na exigência de ordenamento. Temos aqui uma boa visão de conjunto sobre os graus intermédios existentes ao lado das classes sígnicas fundamentais, aqui denominadas classes sígnicas primárias.

Esquema Gráfico das Classes Sígnicas:

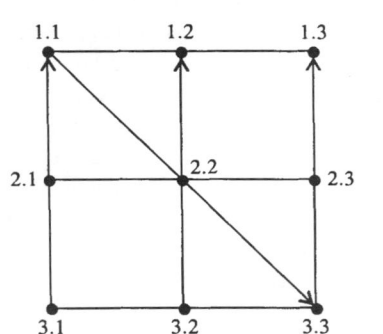

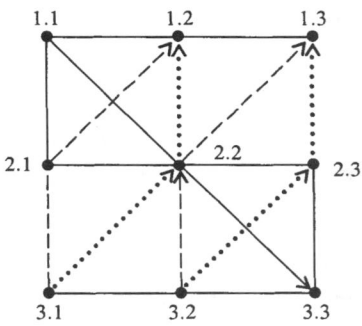

Classes sígnicas primárias

Qua	ic – rem
Sin	ind – dic
Leg	simb – arg

Classes sígnicas secundárias

Sin	ic – rem ---
Leg	ind – dic ---
Sin	ind – rem ....
Leg	simb – dic ....

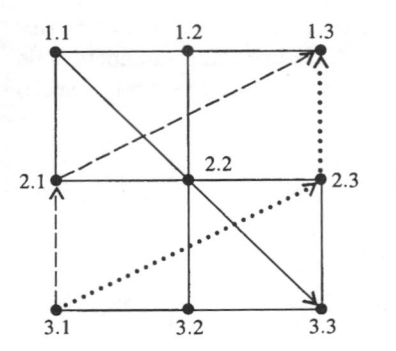 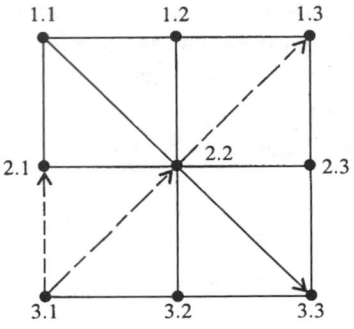

Classes sígnicas terciárias   *Classe sígnica quaternária*

Leg   ic – rem ---   Leg   ind – rem -.-.

Leg   simb – rem ....

A diagonal traçada de 1.1 e 3.3 caracteriza a semioticidade crescente.

1.4.1. Réplicas

Na explicação das classes sígnicas isoladas chamamos a atenção para o fato de que, por exemplo, o legi-signo icônico-remático (exemplo: diagrama geral) segue-se ao sinsigno icônico-remático (exemplo: diagrama individual), ou seja, é obtido a partir dele mediante generalização.

Por outro lado, cada realização de um legi-signo é sempre uma concretização ou uma individualização. Em outras palavras: cada legi-signo realizado é, em relação a seu *aparecimento* ou *acontecimento* "aqui e agora", um sinsigno. No entanto, deve-se distinguir, como afirmou acertadamente Peirce, o sinsigno, que é entendido como legi-signo realizado, do sinsigno tal como o que se segue ao quali-signo na tricotomia da referência ao meio; pois ora é o signo determinante como sinsigno, ora determinante é o *aparecimento* do legi-signo no sentido de sua concretização. Naturalmente, o legi-signo como tal, independentemente de sua realização, permanece legi-signo único e idêntico. Daí porque Peirce também chama o aparecimento ou a realização do legi-signo de "réplica" do legi-signo, o que significa algo como "exemplo", "cópia", "documentação", "reprodução" e similares, não devendo, porém, ser confundida com "réplica" no sentido de refutação.

Quando os legi-signos têm réplicas, podem-se, então, evidentemente, formar, também, classes com base nas classes de legi-signos, que são entendidas como réplicas dessas classes de legi-signos. Das classes sígnicas seguintes, podemos obter as seguintes réplicas (colocadas à direita):

Classes sígnicas				Classes-réplica		
5) 3.1	2.1	1.3	→	2) 3.1	2.1	1.2
6) 3.1	2.2	1.3	→	3) 3.1	2.2	1.2
7) 3.2	2.2	1.3	→	4) 3.2	2.2	1.2
8) 3.1	2.3	1.3	→	6) 3.1	2.2	1.3
9) 3.2	2.3	1.3	→	7) 3.2	2.2	1.3
10) 3.3	2.3	1.3	→	9) 3.2	2.3	1.3

As quatro classes sígnicas restantes não possuem réplicas por não serem classes de legi-signos.

Gostaria, acompanhando Peirce, de completar da seguinte maneira: a tabela torna evidente que nem só os legi-signos têm réplicas mas também o símbolo e o argumento (como subsignos) possuem suas réplicas nos índices ou nos dicentes. Daí porque a classe-réplica de um legi-signo simbólico-remático é um legi-signo *indexicálico-remático*, a classe-réplica de um legi-signo simbólico-dicêntico é um legi-signo *indexicálico*-dicêntico e a classe-réplica de um legi-signo simbólico-argumêntico é um legi-signo simbólico-*dicêntico*. Vale então a seguinte *regra*:

Quando uma classe sígnica apresenta uma terciaridade no interior da referência ao meio, ao objeto ou ao interpretante, a substituição do 3 por meio do 2 na formação da réplica deve-se efetuar primeiramente na referência ao interpretante, em seguida na referência ao objeto e, finalmente, na referência ao meio, porque nas réplicas estamos diante de uma *semiose degenerativa*.

Se, ao contrário, forem consideradas as semioses gerativas, isto é, do quali-signo para o legi-signo, ou então do ícone para o símbolo, ou do rema para ao argumento, poder-se-á então estabelecer – o que foi também por Peirce expressamente indicado – que em cada sinsigno estão inseridos um ou mais quali-signos e em cada legi-signo um ou mais sinsignos. O correspondente vale para a referência ao objeto e para a referência ao interpretante. Em outras palavras: um legi-signo desenvolve-se a partir de sinsignos, e um sinsigno a partir de quali-signos.

Exemplo disso é a gramática universal clássica, como a *Gramática* de *Port-Royal* (Arnauld e Lancelot), de 1660: como elemento fundamental da gramática vale o som, que é um quali-signo. a partir de um ou mais sons forma-se a sílaba, que é um sinsigno. A partir de uma ou mais sílabas finalmente se constrói a palavra, que é um legi-signo. Dito de outro modo: a sílaba implica sons, a palavra implica sílabas; logo, do som à palavra ocorre uma semiose gerativa. Mas podemos, ao contrário, dizer que a palavra "se cinde" em sílabas, a sílaba em sons, representando, essa cisão, uma semiose degenerativa do legi-signo para o quali-signo.

As classes sígnicas e as classes-réplica são determinadas por Bense também como *conexões de fundação*, ao passo que as tricotomias sígnicas, que constróem o signo numa referência, como a referência ao meio, são indicadas como *conexões de realização*.

1.5. TRICOTOMIA E GRAUS DE INCLUSÃO

O signo foi introduzido como uma relação triádica construída por meio de três subsignos a partir de uma das três tricotomias: referência ao meio, ao objeto e ao interpretante. O problema agora é saber se essas três tricotomias são as únicas pressupostas na semiótica, ou se ali existem ainda outras tricotomias.

Nas *Cartas a Lady Welby*, Peirce indica ao todo dez "divisões fundamentais de signos", que ele cautelosamente redenominou tricotomias, embora não estivesse seguro de sua natureza tricotômica. As reflexões que servem de base a essa divisão respaldam-se em sua teoria das categorias e o ordenamento das "tricotomias" isoladas apóia-se, por sua vez, nessas categorias fundamentais. São as seguintes as "dez divisões fundamentais" com que se estabelecem os signos:

1. Modo da concepção do *próprio signo* (ou *referência ao meio*).
2. Modo de apresentação do *objeto imediato*.
3. Mode de ser do *objeto dinâmico*.
4. Relação do signo com seu *objeto dinâmico* (ou *referência ao objeto*).
5. Modo de apresentação do *interpretante imediato*
6. Modo de ser do *interpretante dinâmico*.
7. Relação do signo com seu *interpretante dinâmico*.
8. Natureza do *interpretante final*.
9. Relação do signo com seu *interpretante final* (ou *referência ao interpretante*).
10. Relação triádica do signo com seu *objeto dinâmico* e com seu *interpretante final*.

Essa tabela contém dois diferentes "objetos designados" e três diferentes "interpretantes significantes", bem como duas relações que se agregam às da referência ao meio, ao objeto e ao interpretante.

Quanto à primeira tricotomia, a da referência ao meio, é mister observar o seguinte: no "modo da concepção do signo", como é aqui chamado, Peirce considera o meio tal como é "concebido pelo intérprete", isto é, "captado" pelo interpretante. Portanto, os subsignos dessa tricotomia chamam-se: 1. *poti-signo* (signo potencial, positivamente possível), 2. *acti-signo* (signo atual, real) e 3. *fami-signo* (signo familiar, habitual). A tricotomia igualmente introduzida por Peirce para o meio – 1. *tone* (tom, colorido, matiz), 2. *token* (sinal, marca) e 3. *type* (tipo) – foi também com exceção do *tone*, introduzida em lingüística, na qual, porém, não se leva em conta a relação tricotômica, e pode ser empregada em lugar do quali-signo, do sinsigno e do legi-signo. Nas dez divisões fundamentais, no entanto, só faremos uso da última, já conhecida como referência ao meio, a fim de evitarmos grandes diferenciações.

1.5.1. Os Objetos Designados

Até agora só havíamos considerados a referência ao objeto do signo; mas nas dez partes fundamentais em que divide os signos, Peirce faz uso de dois objetos por ele designados como "objeto imediato" e "objeto dinâmico", e que nós designamos como "objeto interno" e "objeto externo".

O *objeto imediato* é o objeto designado tal como é *apresentado* no signo ou por meio dele. Peirce fala aqui de *modo de apresentação* do objeto imediato. Visto que objetos podem ser "apresentados em signos" 1. como idéias puras ou qualidades, no sentido das "qualidades simples" de Locke, 2. como atenção forçada e 3. como hábito a que estamos acostumados, Peirce faz corresponder a essa tricotomia o signo: 1. *descritivo*, 2. *designativo* ou *denominativo* e 3. *copulativo* ou *distributivo*. O objeto imediato é dependente não da percepção mas da representação. Constantemente fazemos uso de tais objetos imediatos ao descrever algo não presente, e sim do passado ou do futuro; quando narramos a alguém um acontecimento que ele não tenha presenciado, quando lhe recordamos algo, ou quando inventamos uma história, planejamos uma viagem etc. Quem ouve uma notícia por telefone, quem lê um livro, uma carta, um jornal só dispõe de signos, sobre os quais sabe que devem estar apresentando algo que ele por si mesmo não pode perceber. Confiamos, por exemplo, no mapa-guia da cidade quando desejamos encontrar um determinado edifício numa cidade estrangeira; apoiamo-nos em testemunhos quando queremos julgar um fato que não vimos, estudamos um desenho anatômico ou arquitetônico quando queremos conhecer o complexo das células nervosas ou o perfil de uma capela românica, confiamos nas reportagens dos diários ou da televisão. A maior ou menor precisão com que podemos fazer uma representação dos objetos ou dos eventos designados depende de quão pormenorizado for o conhecimento que tenhamos a respeito deles.

O *objeto dinâmico* é o objeto designado que provoca a emissão dos signos. No tocante à natureza dos signos, Peirce distingue: 1. signos de qualquer coisa *possível* (por exemplo: cores, doçura, medida), 2. signos de qualquer coisa *real*, de objetos ou eventos concretos (Napoleão, a primeira alunissagem etc.) e 3. signos de *coleções* (por exemplo: homens, cães, cidades). Para essa tricotomia, ele propõe signos: 1. *abstrativos*, 2. *concretivos*, 3. *coletivos*.

As dificuldades em distinguir objetos imediatos de objetos dinâmicos são, no entanto, maiores do que à primeira vista admitimos. Facilmente reconhecemos – particularmente no cinema ou na televisão – o signo que apresenta um objeto imediato como a coisa que existe de modo externo fora do signo e que provoca ou exige um signo, isto é, confundimos signo e designado porque passamos muito rapidamente do signo e do objeto nele apresentado para o objeto dinâmico, externo, e, com isso, não distinguimos mais a representação da percepção. Cremos, por vezes, ter visto a coisa com nossos próprios olhos, embora esteja presente apenas um signo da coisa e todos nós sabemos que um signo não é idêntico à coisa. Mas também nas ciências e na matemática existem confusões entre signo e objeto designado. Coube a Gottlob Frege estabelecer enfaticamente a diferença entre ambos.

Os empiristas ingleses dos séculos XVII e XVIII partiam do fato de que o conhecimento do mundo e de seus objetos é "mediato", ou seja, baseado em signos e não num conhecimento "imediato" ou "sem intermediários". Não podemos conhecer os objetos em si, "a coisa em si", mas apenas os objetos mediatos ou designados por meio de signos. "Todo o nosso mundo, que podemos compreender, é um mundo de representações", diz Peirce já nas suas primeiras aulas sobre a "lógica das ciências" na Universidade Harvard, de Cambridge, entre 1864-1865. Sustentava, ademais, que a semiótica era apenas uma "teoria do conhecimento não psicológica".

1.5.2. Os Interpretantes Significantes

Ao lado da referência ao interpretante (rema, dicente, argumento), Peirce distingue três interpretantes significantes: 1. o "interpretante imediato", 2. o "interpretante dinâmico" e 3. o "interpretante final" ou "normalizado" e, além deles, uma ulterior relação do signo com seu interpretante dinâmico, tratada separadamente.

No que concerne à natureza do *interpretante imediato*, isto é, do interpretante tal como é apresentado no signo ou por meio do signo, trata-se de ver como um signo deve ser compreendido. Assim, segundo Peirce, um signo pode ser: 1. *hipotético*, 2. *categórico* e 3. *relativo* (Kant, aliás, já havia dividido os juízos em hipotéticos, categóricos e relativos, o que certamente induziu Peirce a fazer essa divisão). Para explicá-lo segundo Peirce, dizemos que o interpretante imediato consiste na "qualidade da impressão que um signo é capaz de produzir, não em algum efeito atual", isto é, é necessário termos compreendido um signo antes de podermos agir com base num signo. Só se compreendermos ou estiver claro para nós o que significa, num semáforo, a luz vermelha, é que poderemos regular nosso próprio comportamento. Neste caso, o interpretante imediato seria *categórico*. Se o signo apenas representa um estímulo, uma suposição, ou algo no gênero, o interpretante imediato passa a ser *hipotético*. E, por último, se o significado de um signo só puder ser compreendido em conexão com outros signos, por exemplo, com uma figura silogística da lógica ou com um procedimento demonstrativo da matemática, então o interpretante imediato será *relativo*.

O *interpretante dinâmico* é produzido ou efetuado por meio do signo. Peirce explica a respeito que "o significado de um signo consiste no modo e na maneira pela qual alguém reage ao signo". Um signo pode, portanto, provocar determinadas maneiras de comportamento ou ações num intérprete. Peirce divide essa tricotomia em 1. *simpatético*, 2. *provocativo* e 3. *convencional*. A reação emotiva denomina-se *simpatética* (também no sentido de Schiller), é importante na arte, particularmente na chamada "estética da satisfação"; desde que se suponha que uma obra de arte só é eficaz quando desperta no observador sentimentos como os que o artista deseja expressar.

Somos *provocados* por um signo quando, por exemplo, compramos – graças à publicidade – algo que não tínhamos a intenção de comprar, ou então quando executamos os comportamentos adequados no trânsito, correspondentes aos sinais de trânsito, isto é, se, nessa situação específica, deixarmo-nos guiar por tais signos. Reagimos *convencionalmente* quando atuamos de conformidade com determinados acordos, isto é, quando em nossas próprias ações levamos em conta as convenções dominantes num grupo, numa classe, numa família etc., porque os demais esperam tal maneira de comportamento.

O *interpretante final* (ou *interpretante normalizado*, *último* ou *efetivo*, segundo as denominações empregadas por Peirce) é o autêntico, genuíno interpretante que Peirce divide em: 1. *saturante* ou *gerador de prazer*, 2. *prático* ou *gerador de ações* e 3. *pragmático* ou *gerador de autocontrole* (que pode também denominar-se *gerador de reflexão*). Este *interpretante final* pressupõe, segundo Peirce, um desenvolvimento correspondente do pensamento, sem o qual passa despercebido. É o último significado possível na escala de interpretações de um signo. Caberia, talvez, nomear aqui a tricotomia que, em outro trecho, Peirce denomina 1. interpretante *emocional*, 2. *energético* e 3. *lógico*, que mais ou menos corresponde às explicações desse interpretante final.

Para caracterizar os três interpretantes como *significados*, Peirce assume, ademais, os conceitos de *sentido*, *significado* e *significação* [*sense*, *meaning* e *significance*], introduzidos por Lady Welby, e associa-os ao interpretante imediato, ao dinâmico e ao final. Não faremos, contudo, qualquer uso ulterior desses conceitos.

Além dos interpretantes já descritos, Peirce distingue três *relações* ulteriores: 1. a relação do signo com seu interpretante dinâmico; 2. a relação do signo com seu interpretante final e 3. a relação abrangente do signo com seu objeto dinâmico e com seu interpretante final.

A *relação do signo com seu interpretante dinâmico*, que é *mister* distinguirmos do interpretante dinâmico propriamente dito, refere-se à maneira pela qual um signo estimula seu intérprete, maneira esta que pode ser 1. *sugestiva*, 2. *imperativa* e 3. *indicativa*. Quando um signo influi em alguém sugestivamente, isso significa que essa pessoa não pode escapar a essa influência porque esta não é modificável racionalmente. Todos nós conhecemos perguntas sugestionantes que possivelmente se acham excluídas dos procedimentos judiciais, mas que, em outros âmbitos, desempenham papel importante. Os peritos em publicidade exploram os efeitos sugestivos não só em seus anúncios publicitários mas também nas embalagens. Ao que parece, em geral a "apresentação elegante", a vitrina "de bom gosto" raramente falham em seu efeito sugestivo sobre o observador. Em geral é possível encontrarmos, a propósito, momentos estéticos em lugares em que tal efeito foi intencionado, como por exemplo na moda, nas cerimônias do Estado ou da Igreja e, de modo geral, em ocasiões sociais como festas, comemorações etc. Quando o estímulo sobre um interpretante é denominado *imperativo*, já não se trata aqui de uma influência sobre o sentimento e sim de um influxo sobre a vontade do intérprete. Uma publicidade bem feita deve no caso, por exemplo, provocar mais do que um simples sentimento de satisfação, pois tem de conduzir a uma compra imediata, isto é, a uma ação do intérprete. Para que uma publicidade impila a comprar, utilizam-se de preferência formulações imperativas que se acham contidas, por exemplo, de maneira implícita em frases como: "O chapéu está de volta", ou "A pátria precisa de você", e não se limita a imperativos explícitos como: "Seja todo olhos!" ou "Valorize seu tipo!" ou, mais recentemente, "Faça-o ao menos por você!". Quando, portanto, provocamos realmente uma ação com os signos, estamos diante de efeitos imperativos. Por efeito *indicativo* de um signo sobre um intérprete entendemos um signo que influi remetendo a outros signos a ele estreitamente ligados e que se dirigem não ao sentimento nem à vontade, mas ao pensamento do intérprete. Por "indicativo", em gramática, entendemos o "modo de denotar", a forma da realidade do verbo. Em química, denomina-se "indicador" uma substância que, mediante a mutação de cores, denota se uma solução é alcalina, neutra ou ácida. Por isso têm efeitos indicativos todos os signos que, por si mesmos, remetem a outros signos, os quais se explicam por meio deles. Tais signos aparecem sobretudo nas ciências, porque as ciências são sistemas de signos, signos unidos em seqüência.

A *relação do signo com o interpretante final* já é nossa conhecida sob a denominação de *referência ao interpretante*. Peirce não divide essa relação em rema, dicente e argumento, mas introduz o "sema" como um signo simples, o "phema" como um signo que consiste num antecedente e um conseqüente e o "deloma" como um signo com antecedente, conseqüente e princípio de conseqüencialidade (diríamos, com Bense: como "regra"). De nossa parte, não utilizaremos, contudo, esses nossos conceitos por já havermos denominado como conexões o rema, o dicente e o argumento.

A abrangente *relação triádica do signo com seu objeto dinâmico e seu interpretante final* é uma forma ampliada da relação triádica original, que compreende não só (M), (O) e (I), mas também a referência ao meio, ao objeto e ao interpretante como tricotomias. Segundo Peirce, ela tem a ver com a "segurança de uma asserção" que pode ser: 1. uma segurança por meio do *instinto*, 2. uma segurança por meio da *experiência*, 3. uma segurança por meio da *forma*, isto é, do *pensamento*. Quando alguém encontra instintivamente a palavra certa numa situação determinada está exemplificando essa segurança instintiva da asserção. A segurança da asserção por meio da experiência pressupõe o processo de aprendizado e a memória (armazém), sem o que não podemos falar de "experiência". A segurança da forma ou do pensamento remete, por sua vez, a conexões de signos, que, porém, dependem não da experiência ou do instinto, mas de regras, sem as quais não há nem forma nem pensamento. Entretanto, como já dissemos, o pensamento pressupõe a experiência e o instinto.

1.5.3. Graus de Inclusão como Conexões de Realização

Depois de havermos descrito as dez divisões, cabe perguntar se elas se relacionam entre si como o fazem, isto é, qual tricotomia se segue a qual tricotomia. As tricotomias da referência ao meio, ao objeto e ao interpretante são apresentadas em sua ordem por meio da tríade sígnica de origem (M, O, I). Não obstante a apresentação de diversas propostas para o ordenamento das tricotomias, com as quais, levada em conta a hierarquia, poder-se-iam formar 66 classes sígnicas, segundo as decompunha Peirce para Lady Welby, tenho para mim que o único ordenamento sensato é o que Peirce propõe em sua tabela, pois esta se apóia não numa completude abstrata mas na indicação de realizações concretas. Isso, porém, significa que cada tricotomia se segue necessariamente a outra e que entre elas subsiste, na expressão de Max Bense, uma *relação de inclusão*, de modo que cada tricotomia também representa um "grau de inclusão".

A décima tricotomia é, portanto, não apenas a mais elevada, mas também a mais abrangente de todas as tricotomias. Esse esquema (Walther) torna evidente que as tricotomias se incluem umas nas outras, sendo, por conseguinte, graus de inclusão. Os ângulos superiores dos triângulos correspondem à primeira categoria, os ângulos da esquerda à segunda categoria e os ângulos da direita à terceira categoria.

O grau superior de inclusão, a tricotomia da relação do signo com seu objeto dinâmico e seu interpretante final, é tanto uma relação triádica como uma tricotomia, que compreende as tricotomias das referências ao meio, ao objeto e ao interpretante (em *itálico*, no esquema dos graus

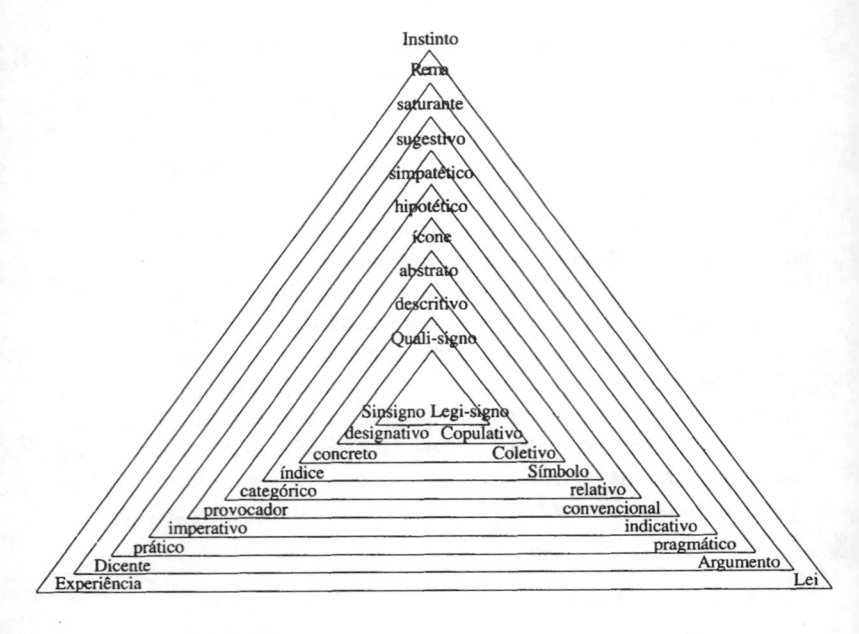

de inclusão). Podemos esclarecer melhor essa relação mediante a seguinte tabela:

(M	⇒	O	⇒	I)	= relações sígnicas
quali-signo	⇒	ícone	⇒	rema	segurança de instinto
sinsigno	⇒	índice	⇒	dicente	segurança de experiência
legi-signo	⇒	argumento	⇒	argumento	segurança formal de pensamento

A primeira linha representa a relação triádica e as três linhas seguintes, as três classes sígnicas fundamentais. As linhas formam as tricotomias das referências isoladas e a tricotomia do grau de inclusão superior, que é simultaneamente a relação sígnica como tríade de (M, O, I). Assim, a décima tricotomia é, para o signo, a *conexão de fundação* no sentido mais geral e mais amplo da palavra, termo introduzido por Max Bense em seu curso semestral de inverno de 1970-1971, sobre os "Aspectos semióticos da teoria da ciência". Bense define-o nestes termos: "Uma conexão está fundada semioticamente quando o sistema de seus elementos é explicado triadicamente como esquema de associações entre (M), (O) e (I)" (manuscrito). A tabela anterior deixa claro que subsiste uma conexão tanto de tríades como de tricotomias e, com isso, de todos os nove subsignos com os quais se podem formar as dez classes sígnicas, e que a própria relação sígnica deve ser compreendida como uma tricotomia abrangente que representa a "segurança da asserção sígnica", a qual, por sua vez, serve de base a todas as outras na sua conexão de realização inclusa. Portanto, subsignos, tricotomias, tríades, classes e divisões fundamentais estão associados, ou seja, fundamentados num único esquema. Todas as funções e operações sígnicas tratadas no capítulo 2 deveriam, obviamente, ser determinadas com base nesses fundamentos.

Se quisermos tornar mais evidente o que Bense denomina *conexão de realização*, devemos partir do fato de que cada uma das dez tricotomias representa tal conexão de realização e que, além disso, dentro de cada tricotomia vale a relação de inclusão. Assim, por exemplo, a referência ao objeto é um grau de inclusão no interior das dez tricotomias, mas também o ícone, o índice e o símbolo estão unidos mediante a inclusão, de tal forma que o índice está incluído no símbolo e o ícone no índice. Ainda não se tentou uma delineação pormenorizada da gramática com os recursos fornecidos pela semiótica, embora a necessidade da fundamentação semiótica da ciência da linguagem já tenha sido estabelecida desde Ferdinand de Saussure (1857-1913). Podemos até mesmo encontrar o emprego de diversos conceitos semióticos, derivados parte de Peirce, parte de Morris, na lingüística atual – falamos, por exemplo, de pesquisa sintática, de semântica e pragmática; fazemos inclusive uso de ícones, índices e símbolos –, mas até o momento não podemos falar de uma fundamentação da ciência da linguagem por meio da semiótica. É bem verdade que Max Bense, em sua *Semiótica*, de 1967, ligou semiótica e lingüística, bem como semiótica e teoria do texto: mostrou, baseando-se nos fundamentos peircianos, até que ponto semiótica e lingüística estão relacionadas e como as funções e operações sígnicas, se procedemos a partir da natureza sígnica da linguagem, funcionam também para a lingüística, isto é, para a gramática; no entanto, não pôde, no época, fazer uso da relação de conexão e de fundação, que só mais tarde iria ser por ele formulada e com a qual eu gostaria aqui de dar início à pesquisa.

Na gramática, seja ela clássica ou moderna, o que está em pauta, antes de tudo, é a *palavra* como signo verbal elementar; por conseguinte, com a ajuda de palavras denominam-se objetos, acontecimentos, pessoas etc. e com palavras forma-se frases e proposições, com as quais o indivíduo se faz entender. A palavra é, conseqüentemente, segundo Bühler: 1. um meio da *expressão*, 2. um meio da *representação*, 3. um meio da *compreensão*, isto é, o da *comunicação*, ou, em termo semióticos: a palavra funciona na referência ao meio, ao objeto e ao interpretante. Pois bem, em todas as gramáticas clássicas, a palavra, como meio, isto é, na referência ao meio é concebida como algo que consiste de *sílabas*, que, por sua vez, são formadas por *sons*, isto é, como vem expresso na gramática moderna: o *lexema* (a palavra, como aparece no léxico) consta de *morfemas* (os quais, de maneira alguma, correspondem às sílabas da gramática clássica) e estes, por sua vez, desenvolvem-se a partir de *fonemas* (os sons). Se representarmos a palavra, isto é, o lexema, na referência ao meio, teremos as seguintes correspondências:

quali-signo	–	som / fonema	–	1.1
sinsigno	–	sílaba / morfema	–	1.2
legi-signo	–	palavra / lexema	–	1.3

Se não levarmos aqui em consideração os diversos morfemas, o conjunto "som-sílaba-palavra", isto é, "fonema-morfena-lexema" da conexão de realização do primeiro grau de inclusão, será a tricotomia da referência ao meio. A palavra, ou seja, o lexema, é, portanto, um legi-signo que inclui o sinsigno e o quali-signo.

As palavras servem para designar algo, isto é, têm, semioticamente falando, uma referência ao objeto, que aqui vamos representar como a segunda conexão de realização, sem tentarmos buscar as tricotomias dos objetos designados internos e externos. Sabe-se que um legi-signo pode designar qualquer coisa, icônica, indexicálica ou simbolicamente. Nas explicações sobre ícone, índice e símbolo, já advertimos que Peirce associou as "categorias gramaticais", como substantivo, adjetivo, verbo, advérbio, artigo etc., a esses subsignos da referência ao objeto. Visto que há mais de três categorias gramaticais, devem elas ser associadas aos subsignos com base em seu modo de designação. Apresentamos aqui as seguintes correspondências:

ícone	–	adjetivo, metáfora, comparações etc.	–	2.1
índice	–	nome próprio, numeral, pronome etc.	–	2.2
símbolo	–	substantivo, artigo, verbo (infinitivo) etc.	–	2.3

Mediante a classificação das palavras, isto é, dos lexemas, com a ajuda das categorias gramaticais e de suas associações com o ícone, o índice e o símbolo, temos à nossa frente a conexão de realização da referência ao objeto na gramática.

Pois bem, a palavra não serve apenas para designar, e mais: é preciso juntar palavras para que nos possamos comunicar com os outros. Ou seja, as palavras devem estar unidas em proposições, de tal modo que pelo menos um sujeito e um predicado, juntos, formem a frase. Sujeito e predicado são introduzidos como parte da proposição e são, semioticamente considerados, "conexões abertas", isto é, *remata*. O fato de uma palavra ser empregada como sujeito ou como predicado de um proposição só depende do intérprete que forma a proposição, isto é, só é decidível com base na proposição, que é uma "conexão fechada", um dicente. Em outros termos, a proposição como conexão fechada pressupõe conexões abertas com base nas quais pode ser desenvolvida, e precisamente diversas conexões abertas, o que é caracterizado pelas partes do sujeito e do predicado, ou seja, na gramática moderna, pela frase nominal e pela verbal. Tudo o que concerne a proposições ou a partes de proposições pertence semioticamente à referencia ao interpretante, e precisamente de tal maneira que subsiste uma relação de inclusão entre as partes de proposições e a proposição.

Quanto a poderem, nas proposições, ocorrer uniões de proposições que também viabilizem "conexões completas", quase nada se fala sobre isso na gramática. Poderíamos, contudo, aqui aduzir a sintaxe da linguagem como um sistema completo de regras no sentido de uma conexão completa, isto é, citar a lógica, a poética e a retórica, que possuem tais conexões completas em suas "figuras" (figuras sologísticas, poéticas ou retóricas).

Para a escala de inclusões da referência ao interpretante valem, pois, as seguintes correspondências:

rema	–	parte de proposição	
		(sujeito/predicado ou frase nominal/frase verbal) –	3.1
dicente	–	proposição	– 3.2
argumento	–	figura (poética, retórica, lógica)	– 3.3

Com isso estabelecemos três conexões de realização da gramática e observamos que compareçam todos os nove subsignos com base nos quais podem formar-se as dez classes sígnicas. Nas análises de proposições tais como as encontramos em Chomsky, não se empregam claramente as dez classes sígnicas. Chomsky divide, porém, as proposições em frases nominais e frases verbais; as frases (com base em regras determinadas), ele as divide em "símbolos não terminais", que representam as categorias gramaticais nas quais podem inserir-se "símbolos terminais", a saber palavras, isto é, lexemas (com base, por sua vez, em regras determinadas).

Esse esquema representa uma decomposição segundo Chomsky. A semiose degenerativa, que aqui se pode estabelecer, avança de 3.2 ⇒ 3.1 ⇒ 2.3 ⇒ 2.2 ⇒ 2.1 ⇒ 1.3, ou, para fazermos emergir com maior clareza as referências isoladas, de

$$3.2 \Rightarrow 3.1$$
$$2.3 \Rightarrow 2.2 \Rightarrow 2.1$$
$$\Rightarrow 1.3$$

Se quisermos analisar esse processo nas classes sígnicas empregadas, encontraremos as classes seguintes:

3.2	2.3	1.3	legi-signo simbólico-dicêntico
3.1	2.3	1.3	legi-signo simbólico-remático
3.1	2.2	1.3	legi-signo indexicálico-remático
3.1	2.1	1.3	legi-signo icônico-remático

Visto que Chomsky não usa nem o argumento (como subsigno) nem o sinsigno nem o quali-signo, sua análise, sob o ponto de vista semiótico, não é completa. Mas mesmo sob o ponto de vista gramatical, ela só pode descrever um âmbito parcial.

Cumpriria ainda evidenciar que, em gramática, não lidamos com osições verdadeiras ou falsas, mas com proposições "bem formadas" que dependem de regras sintáticas e não de objetos externos aos quais tais proposições se referem. Apesar disso, podem elas ser entendidas como dicentes, pois o dicente foi explicado como algo "que está capacitado para afirmar", embora ele próprio não possa ser considerado como uma afirmação. As palavras que compareçam, ou seja, os lexemas, que são formadas com base em categorias gramaticais, representam objetos, isto é, acham-se determinadas tanto na referência ao meio como na *referência ao objeto* e, visto as categorias gramaticais serem produzidas a partir das frases e estas a partir da proposição, também na referência ao interpretante. Em geral, uma proposição pode estar "bem formada" de uma tríplice maneira: 1. bem formada na referência ao meio, isto é, sintaticamente, ou seja, na dependência das regras da sintaxe; 2. bem formada na referência ao objeto, isto é, semanticamente, ou seja, na dependência dos objetos acerca dos quais é feita uma asserção; 3. bem formada na referência ao interpretante, isto é, pragmaticamente, ou seja, ela está "capacitada para afirmar", isto é, tem a possibilidade de ser verdadeira. Por exemplo, a proposição "a rosa é vermelha" está sintaticamente bem formada, mas também o está semanticamente porque temos "rosas" das quais podemos afirmar a propriedade "vermelho", e estará também pragmaticamente bem formada porque a proposição inteira pode ser afirmada.

Outro exemplo para uma conexão de realização e de fundação é a lógica, quando nos valemos dos elementos da lógica, os mesmos usados por Aristóteles, tais como "conceito", "proposição" e "silogismo". Já nos referimos a isso na explicação da referência ao interpretante. Naturalmente, eles devem determinar-se assim:

conceito	– rema –	3.1
proposição	– dicente –	3.2
silogismo	– argumento –	3.3

Se os escrevermos dessa maneira, ficará evidente que, na lógica, lidamos, sobretudo, com a conexão de realização da referência ao interpretante, isto é, que os elementos lógicos representam "significados" ou "categorias de significados" (Husserl, Lesniewski). Se destinarmos a classe completa ao interpretante, possivelmente teremos as seguintes classes:

3.1	2.3	1.3	legi-signo simbólico-remático
3.2	2.3	1.3	legi-signo simbólico-dicêntico
3.3	2.3	1.3	legi-signo simbólico-argumêntico

Observe-se que a referência ao objeto e ao meio não muda e que só a referência ao interpretante passa do rema ao argumento. Nessa determinação conforme as classes, não podemos estabelecer nenhuma diferenciação no tocante à tricotomia da referência ao meio e ao objeto. Se, porém, analisarmos o "conceito" em si, deixando que permaneça constante, na referência ao interpretante, o rema, e na referência ao meio, o legi-signo, então um "conceito", será, relativamente aos objetos designados, um ícone, um índice ou um símbolo, e, precisamente:

3.1	2.1	1.3	legi-signo *icônico*-remático
3.1	2.2	1.3	legi-signo *indexicálico*-remático
3.1	2.3	1.3	legi-signo *simbólico*-remático

Os "conceitos" podem, pois, ser representados como conexões de realização na referência ao objeto e percorrem o trajeto ícone ⇒ índice ⇒ símbolo. Contudo, na lógica aristotélica de classes e conceitos só foram admitimos conceitos simbólicos como (3.1, 2.3, 1.3), embora Bolzano, em atitude semelhante à nossa, tenha chamado a atenção para a diversidade de conceitos, por ele denominados "representações em si". Em outras palavras: mediante a determinação da conexão de realização na referência ao objeto, os conceitos recebem uma referência ontológica, objetual. Eles são claramente conceitos que, além de sua função de significado como *remata*, têm também uma função de designação. Todos os conceitos que compreendem os subsignos de M, O e I são, pois, conexões de fundação. A lógica, portanto, não é apenas formal, e não o seria nem mesmo se admitisse apenas conceitos simbólicos; isso porque os símbolos pertencem igualmente à referência ao objeto. Nesta representação, porém, a lógica abrange todas as possibilidades da referência ao objeto e é, portanto, tal como a gramática por meio das categorias gramaticais, determinada não apenas logicamente mas também ontologicamente: é uma "lógica para o mundo".

Fica evidente, na "tabela das dez classes sígnicas", que não há apenas um dicente mas três, o que nos faz perguntar se em lógica distinguem-se proposições de vários tipos. Com efeito, a lógica distingue:

proposições *singulares*	3.2	2.2	1.2
proposições *particulares*	3.2	2.2	1.3
proposições *universais*	3.2	2.3	1.3

Ou seja, ela utiliza não só – como é exposto na conexão de realização da referência ao interpretante – a proposição no sentido do legisigno simbólico dicêntico, chamada igualmente por Peirce de "proposição usual", mas também as proposições observativas acerca de um objeto ou de um acontecimento singular (3.2. 2.2 1.2) e ainda a proposição chamada "proposição de existência" (3.2 2.2 1.3), que, o mais das vezes, principia com a expressão "Existe um..." ou então "Para alguns x vale...". A lógica dos predicados, que distingue essas três proposições, caracteriza, além do mais, as proposições mediante os chamados "quantificadores", os quais indicam se uma proposição se refere a "somente um" objeto, a "alguns" objetos ou a "todos" os objetos sobre os quais se realiza a asserção.

Também em relação aos modos do silogismo, dos quais se destacam a "dedução" e a "indução", já tratados por Aristóteles, e a que Peirce acrescenta a "abdução", isto é, a "hipótese", é possível, no caso, estabelecerem-se diferenças, que, desta feita, dizem respeito ao argumento. Já que de momento não vejo nenhuma possibilidade de determinar argumentos diversos por meio de classes sígnicas diversas, dado que o argumento foi caracterizado como classe sígnica suprema somente por meio de (3.2 2.3 1.3), proponho a seguinte caracterização:

> abdução   –   primeiro grau do argumento
> indução   –   segundo grau do argumento
> dedução   –   terceiro grau do argumento

Esses três maneiras de silogismo são argumentos; mas em geral a propósito não se fazem diferenciações, porque na lógica clássica lidamos exclusivamente com a "dedução". Somente os silogismos dedutivos são silogismos que levam a proposições "necessariamente verdadeiras", ou seja, a conseqüências. A "indução" leva a proposições "verossímeis" e a "abdução" a proposições eventual ou "acidentalmente" verdadeiras. Pode-se, portanto, estabelecer aqui, rapidamente, uma diferenciação entre o "conceito de verdade", que, na lógica, é fixado como "necessariamente verdadeiro" ou "logicamente verdadeiro", e o conceito de verdade da ciência empírica, denominado "factualmente verdadeiro" ou "verossimilmente verdadeiro", isto é, verossímil. Para as ciências experimentais ou para descobrir novos conhecimentos vê-se o método peirciano obrigado a apelar para a abdução, que, no entanto, só leva a verdades "acidentais" e constitui o método mais inseguro do silogismo lógico.

1.6. TEMÁTICA DO SIGNO E TEMÁTICA DA REALIDADE

Na exposição precedente não se forneceu nenhum fundamento para a união entre as classes de signos ou as relações triádicas dos signos de um lado e, do outro, as "divisões fundamentais do signos" de Peirce, ou seja, as dez tricotomias. Essa problemática tornou-se evidente (em Stuttgart) por meio da Pequena Matriz, que nos permite ler horizontalmente as três tricotomias principais da referência ao meio, ao objeto e ao interpretante e, verticalmente, as principais classes de signos. Segundo a Pequena Matriz, temos as seguintes conexões:

1. Classe sígnica principal	1.1	1.2	1.3	M – referência
	2.1			
	3.1			
2. Classe sígnica principal		1.2		
	2.1	2.2	2.3	O – referência
		3.2		
3. Classe sígnica principal			1.3	
			2.3	
	3.1	3.2	3.3	I – referência

Max Bense descobriu que tríades e tricotomias podem colocar-se em relação dual e transferir-se uma para a outra quando introduzimos como operação de transferência a dualização (X). As classes de signos transferem-se para tricotomias da seguinte maneira;

Classes sígnicas				Tricotomia		
3.1	2.1	1.1	X	1.1	1.2	1.3
3.2	2.2	1.2	X	2.1	2.2	2.3
3.3	2.3	1.3	X	3.1	3.2	3.3

Max Bense observava a propósito que os subsignos das classes de signos estão *associados* (coordenados) uns com os outros, visto que cada subsigno pertence a uma referência diferente; daí porque introduziu o signo ($\rightarrow$). Já os subsignos das tricotomias formam uma conexão *seletiva*, isto é, são *selecionados* uns em relação aos outros, porque pertencem a uma só referência, o que indicou com o signo >. Como exemplo para a associação: $3.1 \rightarrow 2.1 \rightarrow 1.1$; como exemplo para a seleção: $1.1 > 1.2 > 1.3$.

Podemos, portanto, por meio da dualização, alicerçar teoricamente a conexão entre as principais classes de signos e as principais tricotomias.

Peirce sustentava que o quali-signo está "implicado" no sinsigno e este no legi-signo, e com isso entendia que as tricotomias representam referências efetivamente repartidas e graduadas triplicemente. Bense precisou e desenvolveu essa representação, remetendo às tricotomias o que Peirce dizia de suas categorias, a saber: que elas representam "realidades" da "primaridade", da "secundaridade" e da "terciaridade" (que devem ser consideradas como três realidades distintas) e determinou-as como temáticas da realidade. Distinguimos, pois, a *temática da realidade do meio* (isto é, da primaridade), *a temática da realidade da referência ao objeto* (isto é, da secundaridade) e *a temática da realidade da referência ao interpretante* (isto é, da terciaridade).

As tríades ou classes de signos, que associam entre si subsignos de três diferentes referências, são definidas por Bense como *temáticas do signo*.

1.6.1. Dualizações das Classes Sígnicas em Tricotomias

Se recorrermos à tabela das dez classes sígnicas, veremos que com elas se podem formar, por meio de dualização, as seguintes tricotomias, as quais, entretanto, nem sempre são autênticas tricotomias:

	Classes sígnicas				Tricotomias		
1)	3.1	2.1	1.1	X	1.1	1.2	1.3
2)	3.1	2.1	1.2	X	2.1	1.2	1.3
3)	3.1	2.2	1.2	X	2.1	2.2	1.3
4)	3.2	2.2	1.2	X	2.1	2.2	2.3
5)	3.1	2.1	1.3	X	3.1	1.2	1.3
6)	3.1	2.2	1.3	X	3.1	2.2	1.3
7)	3.2	2.2	1.3	X	3.1	2.2	2.3
8)	3.1	2.3	1.3	X	3.1	3.2	1.3
9)	3.2	2.3	1.3	X	3.1	3.2	2.3
10)	3.3	2.3	1.3	X	3.1	3.2	3.3

Explicamos as tricotomias ou quase-tricotomias obtidas mediante a dualização da seguinte maneira:

1. Meio completo.
2. Objeto tematizado no meio.
3. Meio tematizado no objeto.
4. Objeto completo.
5. Interpretante tematizado no meio.
6. Temática completa do signo.
7. Interpretante tematizado no objeto.
8. Meio tematizado no interpretante.
9. Objeto tematizado no interpretante.
10. Interpretante completo.

O cálculo dos terceiros possibilita uma ulterior carcterização:

1.	3/3 M	–	–
2.	2/3 M	1/3 O	–

3.	1/3	M	2/3	O	–
4.	–		3/3	O	–
5.	2/3	M	–		1/3 I
6.	1/3	M	1/3	O	1/3 I
7.	–		2/3	O	1/3 I
8.	1/3	M	–		2/3 I
9.	–		1/3	O	2/3 I
10.	–		–		3/3 I

Mostrou-se, com isso, que as tricotomias fundamentais estão determinadas com os 3/3 do M, do O ou do I, ao passo que as outras sete tricotomias representam graus intermediários, que Bense denomina tricotomias, isto é, temáticas da realidade "incompletas" ou "não-homogêneas". Essas temáticas da realidade não-homogêneas são formadas por subsignos provenientes de duas diferentes referências e, no caso da "temática completa do signo", da soma de subsignos provenientes de três referências. Ou seja, não têm uma conexão seletiva como as tricotomias completas e homogêneas, mas são formadas graças à seleção e à associação combinadas.

À primeira vista, pareceria que as tricotomias obtidas por dualização nada têm a ver com as "subdivisões fundamentais" de Peirce. Mas Peirce não estava, de modo algum, seguro da natureza tricotômica de suas "subdivisões fundamentais" e duvidava de que estas fossem sempre tricotomias autênticas, isto é, homogêneas. Se examinarmos as explicações de Peirce para as suas "subdivisões fundamentais", veremos que se estabelecem as seguintes possibilidades de associações entre elas e as temáticas da realidade obtidas por dualização:

Peirce	*Mediante dualização*
1. referência ao meio	meio completo
2. objeto imediato	objeto tematizado no meio
3. objeto dinâmico	meio tematizado no objeto
4. referência ao objeto	objeto completo
5. interpretante imediato	interpretante tematizado no meio
6. relações do signo com o o objeto dinâmico e com o interpretante final	temática do signo completa
7. interpretante dinâmico	interpretante tematizado no objeto
8. relação do signo com o interpretante dinâmico	meio tematizado no interpretante
9. interpretante final	objeto tematizado no interpretante
10. referência ao interpretante	interpretante completo

Usamos nessa confrontação os conceitos de Peirce mas não na ordem original. A tricotomia, que nesta tabela aparece em sexto lugar, era apontada por Peirce como a décima e mais elevada tricotomia.

Ainda segundo Peirce, ela é que caracteriza a relação propriamente
dita do signo como uma triádica, o que nos autoriza a associá-la com a
"temática completa do signo", que, na tabela obtida por dualização
das classes de signos, se acha em sexto lugar.

Fica, porém, mais claro que na semiótica, tanto a investigação das
classes de signos, ou seja, a análise feita sobre confronto com a classe
de signos correspondente, como a investigação da tricotomia que lhe
corresponde são interessantes e importantes, que se trate num caso de
estabelecer a exata *temática do signo* quer, no outro, a *temática da
realidade* a ela vinculada. Fica claro, assim, por meio desse duplo modo
de considerar, o caráter *hierarquizante* das análises semióticas: as classes de signos mostram o aumento da *semioticidade* desde a primeira
até a décima classe, ao passo que a tricotomia informa sobre a correspondente temática da realidade, que se estende da primaridade do meio
(primaridade) à terciaridade do interpretante (terciaridade).

1.6.2. A Autêntica Temática do Signo

A tricotomia superior de Peirce, isto é, a tricotomia que, por meio
da dualização, se transforma na classe dos signos idêntica a ela, representa a *temática universal do próprio signo*:

$$3.1 \quad 2.2 \quad 1.3 \qquad X \qquad 3.1 \quad 2.2 \quad 1.3$$

Ela é tanto *tríade* como tricotomia completamente não-homogênea.
Como exemplo dessa classe, Peirce adotou um pronome demonstrativo,
o que ressalta o fato de que um signo pode também, à primeira vista e
originariamente, ser entendido como um índice, como uma indicação,
um indicador, um indício. Piaget, em sua epistemologia genética, chega
a resultados similares sem a semiótica, e René Thom argumenta de maneira semelhante na confrontação do comportamento sígnico dos animais com o dos homens.

Max Bense mostrou, em suas recentes pesquisas, que essa especial
temática sígnica, além de corresponder ao próprio signo, corresponde
também ao que ele denomina o "estado estético" de uma obra de arte
(quer se trate, indiferentemente, de pintura, literatura, música ou de outra arte), estado por ele introduzido como conceito portante da "estética
da informação". O "estado estético", isto é, aquilo que permite que uma
obra de arte seja obra de arte, é o caráter do signo, a temática do signo,
que consiste não apenas no material, não apenas no assunto (conteúdo) e
também não apenas na forma (regras formais), mas também na determinada conexão triádica dos três correlatos. Não há o que torne mais evidente a "natureza sígnica da arte" (Hegel), a "beleza sígnica" (Eberhard),
do que a determinação do "estado estético" por meio da classe sígnica/
tricotomia: 3.1 2.2 1.3. O meio realizável, dependente de seu repertório (sons, cores etc.), pode ser aqui determinado apenas como legi-signo

(1.3); o objeto da representação é, como mostra Bense, um objeto de intensidade máxima e, como tal, pode ser apenas um índice (2.2); o interpretante pode ser caracterizado apenas como conexão aberta, desarticulada (3.1). Naturalmente, a análise semiótica de uma obra de arte também concerne a perspectivas, que diferem ulteriores de obra para obra e que devem ser elaboradas por meio de uma investigação precisa.

Outro exemplo para essa classe sígnica/tricotomia foi apresentado por Bense no "número", mais exatamente no "número-signo" da série dos números naturais ("N"), diferente do "número calculável" ou "número algébrico", que resulta como número de solução de uma equação. Bense formulou a classe do "número-signo" ao mesmo tempo que caracterizou a forma sígnica convencional do "repertório apresentado" como (1.3), o "número sucessivo" como (2.2) e a série dos "números naturais" como (3.1): (3.1 2.2 1.3).

1.7. DIFERENCIAÇÕES DOS SUBSIGNOS POR MEIO DA GRANDE MATRIZ

Já na explicação dos subsignos da referência ao objeto nos defrontamos com a diferenciação entre ícone, índice e símbolo, que Peirce denominava "degenerados" em oposição aos "genuínos" (autênticos ou próprios) ícones, índices e símbolos. (A propósito do ícone, Peirce falava também em "hipo-ícone", o que também podia ser entendido como "ícone hipostasiado", e objetivava exprimir o fato de que um signo funciona como um ícone. Tal conceito não foi utilizado neste livro.)

Bense apresentou na "Grande Matriz" um método seguro de diferenciação de todos os subsignos, não apenas daqueles da referência ao objeto. A Grande Matriz é formada da seguinte maneira: anotam-se os nove subsignos da Pequena Matriz num esquema ampliado uma vez como faixa horizontal e outra como vertical e forma-se novamente (como na Pequena Matriz) os produtos internos ou cartesianos, daí resultando pares de subsignos, por exemplo 1.1 1.1, ou então 2.1 1.2 etc. A Grande Matriz reproduz-se, com ligeiras diferenças, na página seguinte.

Pode-se observar na Grande Matriz que a combinação ícone-índice (2.1, 2.2) existe tanto quanto a do índice-ícone (2.2, 2.1), isto é, existe tanto um ícone indexicálico como um índice icônico. (O primeiro subsigno é sempre determinado por meio do segundo subsigno.) O mesmo acontece, analogamente, com todos os outros pares de subsignos.

		M			O			I		
		1.1	1.2	1.3	2.1	2.2	2.3	3.1	3.2	3.3
M	1.1	1.1 1.1	1.1 1.2	1.1 1.3	1.1 2.1	1.1 2.2	1.1 2.3	1.1 3.1	1.1 3.2	1.1 3.3
	1.2	1.2 1.1	1.2 1.2	1.2 1.3	1.2 2.1	1.2 2.2	1.2 2.3	1.2 3.1	1.2 3.2	1.2 3.3
	1.3	1.3 1.1	1.3 1.2	1.3 1.3	1.3 2.1	1.3 2.2	1.3 2.3	1.3 3.1	1.3 3.2	1.3 3.3
O	2.1	2.1 1.1	2.1 1.2	2.1 1.3	2.1 2.1	2.1 2.2	2.1 2.3	2.1 3.1	2.1 3.2	2.1 3.3
	2.2	2.2 1.1	2.2 1.2	2.2 1.3	2.2 2.1	2.2 2.2	2.2 2.3	2.2 3.1	2.2 3.2	2.2 3.3
	2.3	2.3 1.1	2.3 1.2	2.3 1.3	2.3 2.1	2.3 2.2	2.3 2.3	2.3 3.1	2.3 3.2	2.3 3.3
I	3.1	3.1 1.1	3.1 1.2	3.1 1.3	3.1 2.1	3.1 2.2	3.1 2.3	3.1 3.1	3.1 3.2	3.1 3.3
	3.2	3.2 1.1	3.2 1.2	3.2 1.3	3.2 2.1	3.2 2.2	3.2 2.3	3.2 3.1	3.2 3.2	3.2 3.3
	3.3	3.3 1.1	3.3 1.2	3.3 1.3	3.3 2.1	3.3 2.2	3.3 2.3	3.3 3.1	3.3 3.2	3.3 3.3

1) A Grande Matriz (Bense) com a margem externa em que se situam M, O e I.

2. Extensões da Teoria de Base

2.1. FUNÇÕES SÍGNICAS

Ao tratarmos da referência ao objeto e da referência ao interpretante, distinguimos duas funções sígnicas: a *função de designação* e a *função de significado*. Além disso, Bense também se ocupou das funções sígnicas em sua *Semiótica* (1967), distinguindo as funções de comunicação, realização e codificação.

As duas primeiras funções ainda desempenham um papel na introdução do signo como relação triádica gerativa; as outras três são funções da tricotomia da referência ao meio, ao objeto e ao interpretante. As duas primeiras são, como as define Bense, "internas ao signo", as três últimas, "externas ao signo".

Por não poder existir um signo único ou isolado é que um signo sempre aparece junto a outros signos, formando assim *conexões de signos*, isto é, *sistemas de signos*, para cuja produção também são necessárias, além das funções mencionadas, certas *operações*. Destas as mais importantes são: a *substituição* ou troca; em seguida, as operações internas da *geração* ou *degeneração* e, por último, as operações externas de *adjunção* ou alinhamento, de *superização* ou formação de supersignos, e de *iteração*, isto é, do desenvolvimento completo de um sistema de signos a partir de seus signos iniciais ou dos meios do seu repertório.

É fácil observar que onde quer que se apliquem operações de signos, é possível falar de processos, isto é, de *semiose*, e de sistemas de signos produzidos por meio dos processos sígnicos. Os sistemas sígnicos que venham a surgir deverão ser caracterizados de maneira particular. Tendo em vista a referência deles ao objeto, Bense aponta-os como icônicos, indiciais e simbólicos. Naturalmente, também se podem estabelecer combinações de tais sistemas.

Ao introduzirmos o signo como relação triádica, propusemos um meio (M) em relação "designante" como um objeto (O) e um (M ⇒ O) em relação "significante" com um interpretante (I); daí porque não nos alongamos nas funções de designação e de significação do signo. Nessas funções sígnicas internas inserem-se pelo menos três funções sígnicas externas que passamos a expor resumidamente:

A *função de comunicação* do signo concerne à transportabilidade e à comunicabilidade, isto é, à transmissão do signo, a saber, à transferência do signo como meio. Podemos, ademais, distinguir três diferentes tipos de transmissão, visto que um meio pode ser transferido num conduto comunicativo "de modo contínuo", sem solução; em segundo lugar, pode tornar-se um trâmite "de modo discreto", isto é, descontínuo; e em terceiro lugar, "de modo seletivo".

A tríplice divisão da função comunicativa corresponde às categorias pressupostas; mas deve ser entendida apenas como débil, isto é, como uma quase-tricotomia. Ela constitui a "relação de mediação".

Por *função de realização* Bense entende a função de produção referida ao objeto, porque não "temos" nenhum objeto que não nos tenha chegado por meio de um signo, isto é, que não possamos realizar ou representar por meio de signos. Um signo pode realizar um objeto pelo fato de que o objeto é produzido "construtivamente" ou "figurativamente", quando, por exemplo, é construível segundo um "modelo"; em segundo lugar, pelo fato de que o objeto é "indicado" ou "apresentado" por meio de um signo, assim como um sintoma indica uma enfermidade ou o apito de uma locomotiva indica a proximidade de uma ferrovia; em terceiro lugar, um objeto pode ser realizado pelo fato de que é *simbolizado*, isto é, "representado" por meio de um signo arbitrário (qualquer). A realização de um objeto por meio de um signo pode, portanto, ocorrer ou *construtivamente,* ou *apresentativamente* ou *representativamente*. Essas três possibilidades de produzir objetos por meio de signos constituem a "relação de produção".

A *função de codificação* do signo refere-se, finalmente, ao interpretante do signo. Também aqui se distinguem três possibilidades de codificar um signo, a saber, em primeiro lugar a codificação "análoga", por exemplo, a oscilação da intensidade de corrente na escala do amperímetro; em segundo lugar, a codificação "digital", por exemplo, a codificação das letras da linguagem natural por meio de dois signos, como 0 e 1 (código binário), ou então traço e ponto (código Morse); e em terceiro lugar, a codificação "copulativa" ou "compositiva", que muda, por exemplo, a apresentação de um conteúdo mediante a transposição das palavras ou das proposições. A função de codificação dos signos desempenha um papel importante nas máquinas que elaboram dados, as quais – em correspondência com os termos citados – são designadas como "calculadoras analógicas", "calculadoras digitais" e "calculadoras híbridas". Falamos aqui de "conexão de codificação".

Geração e *degeneração* são, semelhantemente à função de designação e à de significação, funções internas ao signo. Gostaria de acrescentar que, mediante os conceitos de geração e degeneração, constitui-se uma relação de ordem e de sucessão entre os subsignos, fazendo com que o signo como um todo se transforme num "trio ordenado". A "indeterminação geral" do signo concerne à relação do signo com o mundo exterior; não, todavia, ao signo como relação triádica, visto que aí tudo é estabelecido por meio da função de geração e de degeneração.

Também a "informação", tal como esse conceito é empregado na atual teoria da informação (Mc Kay, Shannon/Weaver, Cherry e outros), pode ser entendida como realização sígnica. Os conceitos da informação "estrutural", "métrica" e "seletiva", diferenciados na teoria da informação, podem, por conseguinte, segundo Bense, ser designados como informação icônica, indexicálica e simbólica.

A *informação estrutural* reúne elementos em grupos ou em classes, por exemplo, por meio de retículas ou então de relógios, nos quais nos deparamos sempre com um esquema da classificação baseado nas características comuns dos elementos. A informação estrutural é utilizada, por exemplo, na Estética, quando um quadro é seccionado mediante um reticulado em elementos reticulares e destarte submetido a um cálculo. Mas toda e qualquer divisão de elementos também diz respeito a uma ou mais características, isto é, cada classificação geralmente nunca fornece informação acerca de um elemento como elemento isolado, mas apenas sobre elementos que concordam em uma ou mais características.

A *informação métrica* é determinada por meio do número dos elementos distinguíveis no sentido de "unidades da experiência", as quais são fornecidas casualmente, ou seja, empiricamente. Refere-se, portanto, a elementos isolados que "são pensados conjuntamente". "Conseqüentemente, é possível representarmos o montante de informação métrica... como o número de acontecimentos elementares que foram reunidos numa unidade" (Mc Kay).

Já a *informação seletiva* não se refere a uma representação mas à produção de uma representação, isto é, ao número dos passos ou das decisões por esta requeridas. "A unidade seletiva, um número binário, ou seja, um bit, é o que determina uma escolha única entre alternativas equiprováveis" (Mc Kay). Por exemplo, a quantidade de informação seletiva de uma carta, num jogo de 32 cartas, é igual a 5 bit, visto que, mediante a divisão das 32 cartas em dois maços de 16, das 16 em dois maços de 8, das 8 em dois maços de 4, das 4 em dois maços de 2, podemos reencontrar a carta, isto é, devem-se efetuar cinco decisões ou divisões para determinar uma carta.

A informação determinada de três maneiras pela teoria da informação pode ser atrelada ao conceito cognoscitivo, e precisamente pelo fato de que a informação é geralmente definida como "eliminação de uma ignorância". Bense fala, pois, de conhecimento icônico (fundado na evidência, intuitivo) ou informação estrutural, de conhecimento indexicálico (causal-empírico) ou informação métrica, e de conhecimento simbólico (teorético) ou informação seletiva.

2.2. OPERAÇÕES SÍGNICAS

A operação semiótica mais importante é, sem dúvida, como também sublinha Peirce, a "substituição", isto é, a troca de um signo por outro. Naturalmente, a substituição como operação sempre foi empregada não só na matemática e na lógica mas também na retórica, visto que substituições são indispensáveis tanto nas demonstrações, que não se realizam sem conversões, isto é, transformações que estão ligadas a trocas, inserções e abreviaturas, em suma, a substituições, como para o convencimento ou a persuasão lingüística. Todas as traduções, explicações, explicitações requerem substituição de determinados signos por outros. A variação, a vivacidade da expressão etc. originam-se da substituição das palavras ou expressões verbais por outras. A monotonia dos modelos lingüísticos na vida quotidiana, na imprensa, no rádio e na televisão torna-se amiúde paralisante, chegando inclusive a provocar, em casos extremos, doenças psíquicas. A troca por expressões sinônimas mantém desperto o interesse; a troca de uma expressão composta de muitos elementos por outra simples abrevia o cálculo ou o procedimento na matemática; a troca de todas as expressões de uma notícia por outras, conhecidas apenas dos iniciados, subtrai a notícia à compreensão comum, torna-a secreta. Todas essas possibilidades de troca de signos são de há muito conhecidas, e certamente não precisarei dar mais exemplos para esclarecer a importância da substituição.

Outra operação da semiótica, e precisamente a básica, é a "introdução tética do signo" (Bense), que pode geralmente ser empregada em cada colocação, invenção ou emprego de signos. Cada produção de signos deve ser entendida como um "ato hipo-tético", livre indeterminado, e arbitrário. Só por meio de outros signos se cria uma união do signo introduzido hipoteticamente com outros signos, e com isso uma relação, uma dependência e uma convencionalidade. Visto que cada signo é uma relação, e o significado ou a interpretação de um signo depende de outros signos e é por eles determinado, conforme ressaltava Peirce, mas, por outro lado, qualquer outra coisa pode ser empregada como meio de representação e, portanto, ser colocada exatamente como signo, a liberdade, o arbítrio e a independência dizem respeito apenas à *escolha* dos meios da representação.

A *tese*, ou seja, a *colocação* dos signos é, portanto, possível, com base numa escolha ou *seleção* (Bense). A seleção refere-se, em geral, aos meios que se acham à disposição, ao repertório. Ela, no entanto, como ressalta Bense, não só precede a colocação dos signos, mas é também interna ao signo, isto é, também atua nas referências sígnicas isoladas. A geração do quali-signo para o legi-signo, do ícone para o símbolo e do rema para o argumento é sempre uma *sucessão de seleção* (Bense). O sinsigno é selecionado a partir do quali-signo, o legisigno do sinsigno. O mesmo vale para a referência ao objeto e para a referência ao interpretante. As tricotomias sígnicas devem ser consideradas não apenas como "bem ordenadas", mas também como selecionáveis.

Na tríade sígnica, ou seja, na reunião de M, O, I para a relação triádica, tem papel atuante uma operação ulterior, que com razão Bense distingue da seleção. Ele a denomina *associação* ou *coordenação*. Um meio vem associado a um objeto, um objeto a um interpretante. (Havíamos dito que, designado através de um meio, um objeto pertence a um âmbito de objetos e a um campo de interpretantes.)

A relação ou passagem entre as classes sígnicas foi caracterizada por Marty, em sua exposição sobre teoria das categorias, mediante duas ou três operações ligadas à seleção e à coordenação. Ele denomina a passagem de quali-signo para o sinsigno (ou em geral de 1 para 2 nas tricotomias) *realização*, a passagem de sinsigno para legi-signo (em geral de 2 para 3) *formalização*, e a retro-semiose, ou seja, a passagem de 3 para 2, *replicação*.

A operação da *criação* (Peirce) ou *realização* (Bense) difere, porém, da definição de realização de Marty, porque se baseia na seleção a partir da primaridade levando em consideração a terciaridade para a produção de secundaridades. Ei-la na apresentação de Bense:

$$. 3 . \\ \wedge \quad \Big\rangle \ . 2 . \\ . 1 .$$

As operações de *adjunção*, de *superização* e de *iteração*, introduzidas na semiótica de Max Bense, Hans Hermes e outros, dizem respeito à formação de conexões de signos.

A *adjunção* é uma operação sígnica de caráter linear concatenante. Conduz a conexões remáticas ou abertas nas quais nenhuma importância tem o fato de que os signos adjuntos sejam elementares ou moleculares. Um exemplo da adjunção de signos, no âmbito lingüístico, são as chamadas locuções, fraseologias, frases, em suma, construções verbais que, todavia, ainda não formam nenhuma proposição: "é vermelho", ou então "penso que os franceses hoje são mais fortes do que", e outras similares. Um exemplo de adjunção, em arquitetura, são as séries de janelas nos arranha-céus modernos, nos quais o início e o fim da série são dados por condições puramente exteriores, como por exemplo a altura do edifício.

Quando, na adjunção, o alinhamento dos elementos ou a repetição de um único elemento leva a conexões abertas, então a *superização* passa a ser a operação mais importante visto levar a conexões fechadas que apresentam a constituição unitária resumida de um conjunto de signos únicos numa forma, numa configuração, numa totalidade invariante chamada *supersigno*. Geralmente a adjunção precede a superização, sendo indiferente que se trate de signos ou de objetos (em que, obviamente, também o próprio signo, enquanto produto material, deve ser considerado como um objeto). De resto, a adjunção diz respeito principalmente à referência ao meio, isto é, aos signos como puros meios; ao passo que a superização diz respeito à referência ao objeto. Daí porque podemos falar de "superícone" (quadro, forma, figura, sistema enquadrado etc.), de "superíndice" (rosa-dos-ventos, perspectivas, escala, sistema de direção etc.) e de "supersímbolo" (vocabulário, repertório, sistema de repertório), aos quais Bense acrescentou, na referência ao interpretante, um "superdicente" (por exemplo: "a rosa é vermelha" = "é verdade que a rosa é vermelha"). As figuras silogísticas da lógica, que apresentam sempre um supersigno de pelo menos três proposições unidas, a saber, as premissas e a conclusão, devem também caracterizar-se como supersignos na referência ao interpretante; no entanto, no que diz respeito à sua figura relativamente ao objeto, devem caracterizar-se como superícone, da mesma forma que a proposição, como supersigno, representa, no que diz respeito à sua figura ou forma, um superícone. Cada supersigno, isto é, cada reunião de signos numa nova unidade ou totalidade, é sempre um signo de grau superior, isto é, de repertório superior. É novo signo de uma nova relação triádica.

Os supersignos são indispensáveis na pedagogia, isto é, no processo de ensino, visto que abreviam o período de aprendizagem mediante a síntase de elementos num novo elemento (isto é, signo).

Uma superização de signos é sempre também uma formação de hierarquia de signos, de que ainda nos ocuparemos em relação aos sistemas sígnicos.

Ao lado da superização externa ao signo acima descrita, Bense distingue uma superização interna ao signo, que percorre as tricotomias da referência ao meio, ao objeto e ao interpretante. Bense fornece o seguinte esquema, por mim ligeiramente modificado:

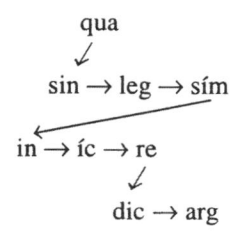

O esquema faz-nos acompanhar as fases isoladas da superização desde o quali-signo até o argumento. Cada tricotomia pode ser entendida como superização, o que não contradiz a geração que concerne a passagens isoladas. Por exemplo, a geração dos sons através das sílabas até a palavra é também, obviamente, uma superização dos sons em sílabas e destas, em palavras. No entanto, também fica claro no esquema que a passagem de uma tricotomia para outra ocorre no mesmo grau categorial e que, em seguida, a superização na referência ao objeto procede do símbolo, através do índice, ao ícone; com isso podem ser explicadas algumas relações cuja compreensão era, até há pouco tempo, muito difícil. Bense também chama a atenção para o fato de que o "esquema de inclusão" das dez tricotomias se apóia também na superização, de modo que a superização "deve, evidentemente, ser entendida como o processo gerador de signos decisivo", "porque ela é de um interesse simultaneamente prático e teórico basilar." Podemos acrescentar que um supersigno é imediatamente perceptível como um novo signo de um repertório superior, fato que se torna evidente, por exemplo, em dissertações científicas e técnicas por meio de esquemas, representações gráficas e diagramas; na literatura, por meios de linhas, estrofes, formas de estrofes; na música, por meio de melodias, frases etc.

A *iteração* é uma operação ulterior, tanto interna ao signo (no subsigno) como externa ao signo (no signo completo). Internamente ao signo, trata-se, por exemplo, da formação do "ícone do ícone", ou então, do "símbolo do símbolo". Aqui Peirce provavelmente pressupôs a operação da *auto-reprodução* (autogeração) do signo, visto que, cada signo deve ser explicável ou interpretável e a explicação ou interpretação de um signo é, por sua vez, um signo, conforme o assinalou o próprio Peirce, naturalmente um signo isolado, independente de qualquer outro, é impossível. Entretanto, cada signo não só está unido a outros, não só forma com eles conexões ou contextos, como também produz outros signos, porque pode referir-se a si mesmo reflexivamente como objeto. Auto-reprodução e iteração são operações básicas para a ampliação e a diferenciação do universo sígnico (*universe of discourse*), com o qual estamos familiarizados, do qual nós mesmos nos apropriamos e o qual ampliamos por meio de nossa própria atividade espiritual.

Às operações já mencionadas podemos igualmente acrescentar aquela a que Bense chama de *tematização*. Cada análise sígnica concerne tanto ao signo como relação triádica como também aos subsignos, que a constituem e que sempre pertencem a uma tricotomia, isto é, à referência ao meio, à referência ao objeto ou à referência ao interpretante. Considerada categorialmente, cada tricotomia representa uma *temática da realidade* (Bense), a saber: ou a realidade do meio, isto é, da primaridade, ou a realidade do objeto, isto é, da secundaridade, ou a realidade do interpretante, isto é, da terciaridade. Que numa análise sígnica se considere objeto, ou seja, *tema*, ou M, ou O, ou I, depende do objetivo da pesquisa.

Nas tricotomias ou quase-tricotomias dualizadas a partir das classes sígnicas trata-se, de resto, de recordar uma vez mais as temáticas da realidade homogêneas e não-homogêneas.

Para a indicação das operações podem ser empregados os seguintes signos por nós formulados:

Substituição (/), por exemplo: a / b
Seleção (>), por exemplo: a > b
Associação ou coordenação (→), por exemplo: a → b

Criação (>>), por exemplo:

$$. 3 .$$
$$\wedge \quad \rangle \quad . 2 .$$
$$. 1 .$$

Adjunção (∪), por exemplo: a ∪ b ∪ c...
Superização (∩), por exemplo: a ∩ b ∩ c = d
Iteração ('), por exemplo: a, a', a",...
Introdução tética (—), por exemplo: — a
Auto-reprodução (⌐), por exemplo: a ⌐a

Uma determinação geral vinculadora tornar-se-á, contudo, indispensável só quando a semiótica estiver axiomatizada, tarefa a que se dedicam, no momento, Bense e outros.

Todas essas operações são necessárias para a formação de objetos, processos e sistemas sígnicos.

2.3. OBJETOS SÍGNICOS

Por *objeto sígnico* entendemos, juntamente com Bense, um objeto determinado, que, em sua teoria do objeto, Bense agrega como objeto particular de intenção semiótica, aos "objetos da natureza", aos "objetos técnicos", aos "objetos de *design*" e aos "objetos arte" por ele distintos. Um objeto sígnico deve sua existência apenas ao fato de servir de portador de signos (também no sentido do *sign-vehicle* de Morris) ou que foi criado apenas para que um signo possa ser percebido melhor, com maior rapidez e segurança. São objetos semióticos do gênero, por exemplo, placas várias com indicações de localidade e distância, placas com sinais de trânsito, estandarte com bandeiras, colunas para anúncios publicitários com comunicados, quadros-negros, chapas numeradas de veículos, semáforos, sinalizadores luminosos de pistas de aterragem, barreiras ferroviárias e aduaneiras, emblemas, uniformes etc. Ao contrário dos outros objetos assinalados, no objeto semiótico, a complexidade objetual deve estar diferenciada da complexidade semiótica. Segundo Moles, para a complexidade objetual do portador do signo, a relação entre complexidade construtiva e instrumental não é a mesma que para a complexidade semiótica do signo desse portador. Bense desenvolveu, a partir da determinação de conceitos semióticos, uma "teoria semiótica do objeto" na qual todos os objetos *artísticos* são entendidos como "metaobjetos téticos", que na referência deles ao objeto são icônicos, indexicálicos ou simbólicos. Estabelece ele uma distinção, por exemplo, especificamente entre *iconismo de adequação* e "eixos e rodas", "boca e embocadura" etc., *iconismo de semelhança* e "retrato e pessoa", "perna e prótese" etc., e *iconismo de funções* e "acendimento e explosão", "interruptor e circuito elétrico"; na indexicalidade de objetos artísticos, faz distinção entre *indexicalidade de direção* e "reticulados", "sistemas arquitetônicos de aberturas", *indexicalidade de ordem* e "contadores", "cadeias de montagem", "distribuidores" etc., e *indexicalidade de sinais* e "sistemas de transmissão" etc.; na simbolicidade de objetos artísticos, distingue entre *simbolismo de memorização*, por exemplo, e a "memória magnética da ferrita", *simbolismo de combinação*, por exemplo, e "instrumentos de corda", e *simbolismo de variação* e "comandos de vôo", "reguladores" etc. Sobretudo na "teoria do *design*", na "teoria dos *media*" e na "teoria da comunicação", a teoria semiótica do objeto pertence aos fundamentos, em particular à pesquisa dos fundamentos dessas ciências técnicas ou aplicadas.

2.4. PROCESSOS SÍGNICOS

Um *processo sígnico* ou uma *semiose* – já introduzimos essa denominação – é um processo que se refere a signos, que se desenvolve em signos ou que é por eles conduzido. Na criação ou geração de signos, no emprego de qualquer tipo de signo, estão em jogo semioses tais que não podem ser trocadas por processos ou transformações puramente físicas dos signos (por exemplo, com a transferência deles), ainda que, obviamente, os processos geradores de signos tenham como ponto de partida objetos materiais que são explicados em signos. O emprego de signos ou a manipulação de signos num sentido externo ao signo já pressupõe a existência de signos introduzidos, aos quais são aplicados processos semióticos por meio de adjunções, superizações, iterações e, portanto, mediante séries ou cadeias, reuniões de signos isolados num signo global (por exemplo, a soma de dois números que produz um terceiro número) ou mediante substituições, formações de conexões ou de contextos.

Segundo Bense, são interessantes, sobretudo, aquelas semioses geradoras de signos que dizem respeito à referência ao objeto, isto é, que são determinadas por meio de ícones, índices e símbolos. Cada representação icônica de um objeto constitui evidentemente um processo de abstração, visto que o signo icônico reproduz seu objeto por meio de determinadas características ou propriedades coincidentes.

A semiose da abstração conduzida por meio do ícone estende-se também à *categorização* ou *classificação* e é, em seguida, posta em ação tanto sobre um *esquema de enquadramento* como sobre um *princípio construtivo de formação*.

A representação indexicálica de um objeto está ligada a um processo de indicação, de sinalização, de determinação, de projeção entre signo e objeto, que *fixa* o objeto num *esquema de direção*, local e espacialmente, mas não o reproduz. Trata-se, portanto, na representação indexicálica, de uma semiose indiciante, que está na base, como esquema orientador de direções, por exemplo, na pintura para as redes da perspectiva ou nas demonstrações matemáticas para a sucessão dedutiva de proposições.

Na representação simbólica de objetos, a responsabilidade cabe exclusivamente à *seleção* do signo como meio, dependente do interpretante, com base num repertório disponível de signos como processo gerador para a livre designação dos objetos. Independência relativamente ao objeto e dependência relativamente ao interpretante são as características dominantes da seleção. Esse processo é, obviamente – em comparação com o objeto – indeterminado, arbitrário e regulado apenas por convenções, as quais, por sua vez, podem ser substituídas por outras convenções. Daí, por exemplo, o fato de todo texto ou toda informação oriunda de seleção apresentar indeterminações.

Resumindo: falamos, com Bense, de semioses *abstrativas* (icônicas), de semioses *indiciantes* ou determinantes (indexicálicas) e de semioses *selecionantes* (simbólicas), isto é, de *esquema de enquadramento* mediante abstração, de *esquema de direção* mediante determinação ou união projetiva de signo e objeto, bem como de *esquema de repertório* mediante livre seleção a partir de um repertório disponível.

2.5. SISTEMAS SÍGNICOS

Por *sistema* entende-se, geralmente, a combinação de um conjunto de elementos dados e de suas relações conectivas, não importando, no caso, serem estes elementos materiais ou imateriais, simples ou compostos, concretos ou abstratos. *Conjuntos* e *conexões* são as características essenciais do sistema. Todos conhecemos conceitos como sistema "social", "político", "filosófico", "sistema de axiomas", "sistema de forças", sistema "arquitetônico", "matemático" etc.

Na teoria dos sistemas (Greniewski/Kempisti, Ropohl e outros), na qual se reúnem asserções gerais e abstratas sobre sistemas – considerando-se que a teoria dos sistemas é uma ciência ainda incipiente –, deveriam ser descritas as características e as construções dos sistemas de cada tipo o mais exatamente possível, isto é, por meios lógicos, matemáticos e semióticos. Nos sistemas já citados, que deverão ser tratados numa teoria geral dos sistemas, Bense inclui também o "sistema semiótico", isto é, a "teoria semiótica dos sistemas", a qual é, seguramente, de grande importância não só para a semiótica como para todas as ciências e artes, para a vida quotidiana, para a sociedade, a educação, a política, em suma, para tudo que tenha como base sistemas sígnicos.

Se entendemos "sistema" como um complexo de estruturas relacionais, temos, segundo Bense, de lidar, antes de tudo, com sistemas determinados relativamente aos seus objetos, isto é, que podem ser diferenciados relativamente à representação de seus objetos. À semelhança do que ocorre nas semioses, também nos sistemas é possível, portanto, estabelecermos sistemas icônicos, indexicálicos e simbólicos e indicá-los como *sistemas de enquadramento* icônicos, *sistemas de direção* indexicálicos e *sistemas de repertório* simbólicos. "*Enquadramentos, direções* e *repertórios*, são, portanto, modelos realizados e realizáveis para sistemas icônicos, indexicálicos e simbólicos" (Bense).

Sistemas icônicos são, por exemplo, todos os sistemas de classificação, a saber, o ordenamento de bibliotecas ou documentações, as reproduções geográficas, geológicas ou do gênero; sistemas indexicálicos são todos os sistemas causais e conectivos (unidos), como o sistema viário de uma cidade, o sistema dos sinais de trânsito, conexões e redes telefônicas etc.; sistemas simbólicos são todos os repertórios, por exemplo, os repertórios simbólicos da escrita, os repertórios de cores dos pintores, os repertórios de peças teatrais dos atores etc. Além desses três sistemas comparecem também, obviamente, as formas mistas. Visto que os signos desempenham funções fundamentais, de que já falamos, tais como designar, significar, realizar, comunicar etc., também os sistemas semióticos se distinguem pelo fato de serem determinados por meio dessas funções fundamentais. Assim, todas as expressões que representam um processo sígnico devem ser determinadas como *sistemas de expressão*, por exemplo, dos gestos, da mímica, da expressão lingüística (como a poesia); além disso, temos *sistemas de representação*, entre os quais há que mencionar, ao lado da língua natural, também as línguas artificiais da matemática, da química etc., *sistemas de constituição*, por exemplo, árvores genealógicas (árvores genealógicas dos conceitos), hierarquias (também das ciências), *sistemas gerativos*, por exemplo, sistemas de deduções, sistemas de axiomas, sucessões de números, gramáticas gerativas, programas de elaboração de dados etc., *sistemas de gradações* por exemplo, sistemas de valores, números cardinais e ordinais nas suas progressões, e *sistemas de comunicação*, por exemplo, dos sinais de trânsito, dos nomes das ruas e dos números das casas, das línguas em geral, dos *mass media*, da publicidade etc. Naturalmente, também podemos falar de *sistemas lingüísticos*, que constituem a base da gramática, da lingüística, da pesquisa sobre comunicação, da estética etc., e podemos subdividir esses sistemas lingüísticos, considerando a referência ao objeto, em sistemas icônicos, indexicálicos e simbólicos.

Naturalmente, os sistemas aqui apresentados são apenas uma amostra e caracterizam-se sobretudo por sua referência ao objeto. Também poderíamos determinar sistemas sígnicos apenas a partir do meio e poderíamos falar de sistemas sígnicos visuais, auditivos, tácteis etc. Os sistemas sígnicos *visuais*, por exemplo, são essenciais para a fotografia, o filme, a televisão, a arte figurativa, a arquitetura, a informação visual, o *design*, a urbanística e para todas as ciências que são sistemas de linguagem escritos e, portanto, visuais, mas também para a coreografia, a música (como sistema de notação), a heráldica, a numismática etc. Os sistemas sígnicos *acústicos*, nós os temos nas línguas faladas, na música realizada mediante instrumento ou voz, em sirenas acústicas de toda espécie, que não devem ser entendidas como signos isolados, mas sim como sistemas sígnicos em conexão. Os sistemas sígnicos *tácteis* têm, no ambiente externo imediato, na habitação, no local de trabalho, e sobretudo na convivência humana, uma importância maior do que à primeira vista possa parecer. Todos esses sistemas referidos aos meio aparecem tanto em sua forma pura quanto mista.

Além do mais, podemos estabelecer a superposição de diferentes sistemas semióticos. Bense denomina-os *estratos sígnicos*, os quais podem ser discernidos, como por exemplo numa pintura é possível discernirmos um estrato material exterior de sistemas de cor-forma e um estrato, determinado indexicalmente, do sistema perspéctico dos pontos e das linhas de fuga. Aqui se torna evidente também que, nos sistemas, não se trata apenas de união de *elementos*, mas que um sistema também pode ser decomposto em *sistemas parciais* ou *subsistemas*, ou seja, que sistemas heterogêneos, que não possuam nenhum elemento e nenhuma relação comum, podem ser reunidos mediante novas relações num novo sistema dominante. Falamos hoje em dia, por exemplo, de sistemas de ensino audiovisual ou multimedial (televisão em cores, publicidade), que podem, em princípio, ser recebidos por alguns ou por todos os sentidos.

De resto, a "psicologia da informação" ou "sociologia cibernética", que se desenvolveu a partir dos anos 50 (Moles, Frank entre outros), dedica-se à exploração da capacidade dos órgãos humanos da sensação no que concerne à possibilidade da recepção de signos. Visto que tais pesquisas podem conectar-se com reflexões semióticas, força é mencioná-las embora não digam respeito diretamente à semiótica. Naturalmente é importante, se consideramos o aparecimento de signos em situações determinadas, distinguir os signos não só com suficiente clareza uns dos outros, mas também recebê-los e elaborá-los de maneira diferenciada, veloz e segura. (A expressão corrente "confusa selva de patentes" corresponde a tais reflexões.) A didática e a pedagogia cibernéticas pesquisam esses problemas; também por parte da cibernética têm sido realizadas pesquisas semelhantes acerca do reconhecimento e elaboração de signos em máquinas elaboradoras de dados (Steinbuch), pesquisas essas, todavia, que ainda não se alicerçam em nenhuma teoria semiótica geral.

2.6. ESPAÇO SÍGNICO

O conceito de "espaço semiótico" ou "espaço sígnico" foi introduzido por Bense sobretudo para conseguir novas definições de ícone, índice e símbolo, importantes para a teoria do *design* e a estética, e para caracterizar o espaço semiótico como um "espaço abstrato" especial, tal como foi constituído pela matemática dos últimos cem anos.

Se partirmos da definição peirciana do signo entendido como uma relação triádica e sustentarmos que qualquer entidade pode ser explicada num signo, qualquer signo (entidade) poderá estabelecer-se como classe sígnica por meio de três pares de números, isto é, cada subsigno estará determinado por meio de um par de números. Este último caracteriza, antes de mais nada, sua posição na tríade, ou seja, seu "número relacional", "r", e, em segundo lugar, sua posição na tricotomia, vale dizer, seu "número categorial", "c", como Bense o denomina. Por meio de S_c^r é possível representar simplesmente cada subsigno; podemos, por exemplo, expressar o ícone por meio de S_1^2. Cada signo e cada subsigno podem em seguida ser introduzidos, no âmbito de seu repertório, como seu "espaço sígnico".

Tais reflexões permitiram a Bense encontrar as seguintes explicações:

1. Cada *ícone divide* o espaço semiótico (o repertório) em dois âmbitos, por exemplo, em características coincidentes e características não-coincidentes, em predicados inerentes e não-inerentes etc.
2. Cada *índice une* dois elementos quaisquer do espaço semiótico (ou de repertório).
3. Cada *símbolo é uma representação* do espaço semiótico como um repertório puro.

Se levarmos em consideração que o repertório representa um sistema livremente escolhido de elementos (meios) para a designação de objetos, que podemos denominar "espaço semiótico", poderemos deduzir que os elementos do repertório só podem ser compreendidos *relativamente* ao seu repertório, como dissemos.

Em princípio, cada ponto do espaço semiótico, que, unido numa tríade, representa o elemento do espaço semiótico, pode ser ou "M", ou "O" ou "I". Isso pode-se explicar, por exemplo, dizendo que toda e qualquer entidade pode ser não só um meio mas também um objeto da designação (e, portanto, um signo também pode ser compreendido como objeto da designação) e um significado do signo (assim como interpretantes podem ser não apenas signos mas também ações ou sensações, segundo observava Peirce).

Dessas reflexões, Bense deduz que a idéia do espaço semiótico corresponde também àquilo que Kant (a propósito da transcendentalidade da intuição pura do espaço) denominava o esquema das "condições da possibilidade da experiência"; visto que, cada signo, como relação triádica, no sentido da descrição do objeto, constitui o espaço semiótico (o que é uma conseqüência das definições de ícone, índice e símbolo). Mas cada signo, como sistema de regras, que em sua terciaridade (condição) se acha unido a uma primaridade (possibilidade) e com isso produz uma secundaridade (experiência), correspondendo assim ao esquema peirciano da *realização* ou *criação*, é ao mesmo tempo princípio construtivo da representação abstrata ("pura") do espaço.

2.7. SITUAÇÃO, AMBIENTE, CANAL

Cada signo, segundo Bense, deve estar ligado a uma determinada situação do seu apresentar-se, comparecer etc., isto é, de sua introdução, para que possa ser eficaz como signo, isto é, possa ser compreendido. Cada situação requer signos completamente determinados, que dependem tanto de condições externas como de condições internas do signo. Assim como a um estrangeiro que não fala nossa língua, não podemos explicar verbalmente o que queremos dele, assim também na escuridão é impossível fazermo-nos entender por meio de gestos ou mímica. As *situações sígnicas* devem, portanto, ser sempre entendidas como *situações de ambiente* ou *situações de contexto*. Mediante signos, podem ser reguladas situações ambientais comunicativas. Exemplo: o regulamento do trânsito num cruzamento cujos signos determinam as duas situações do "esperar" e do "passar", isto é, separam ou juntam. As situações sígnicas estão sempre unidas a determinados signos, subsignos, supersignos, classes sígnicas ou sistemas sígnicos, e são por eles provocadas, determinadas ou modificadas. Podemos, pois, observar um dependência recíproca do signo em relação à situação e da situação em relação ao signo.

A situação representa, além do mais, um *esquema ambiental* ou um *ambiente* do signo, que pode ser dado materialmente, emocionalmente, existencialmente, inteligivelmente, socialmente, urbanisticamente etc. Segundo Bense, os signos influem sobre um dado ambiente *selecionando*, *dividindo*, *mediando* ou *juntando*. O ambiente é, assim como a situação, ou um ambiente sígnico interno ou externo. Exemplo: todo semáforo produz uma determinada situação de tráfego, decompondo-a num tráfego que "flui" e num tráfego que "está parado"; cada bilhete de ingresso, como por exemplo o do cinema, faz as vezes de mediador entre as pessoas e os lugares, e divide os lugares em "ocupados" e "não ocupados"; num texto, os espaços vazios separam as palavras entre elas para torná-las legíveis, as conjunções sintáticas unem a proposição em proposições moleculares, compostas.

A apresentação efetiva de um signo num ambiente ou numa situação está ligada, todavia, a um esquema ulterior que, com Bense, denominamos *canal* e que é conhecido como *esquema de comunicação*. A mediação ou comunicação de signos necessita do canal, que em geral constitui a união entre um emissor (ponto de partida, transmissor, fonte) e um receptor (ponto de chegada, receptor, destinatários). Se um signo está "ligado a um canal", isso significa que cada signo efetivo ("vivo, eficaz no momento") realiza uma relação entre emissor e receptor. Também o signo, como relação triádica, pode ser concebido como esquema de comunicação – e precisamente como esquema interno de comunicação, a que também alude Peirce – onde o "objeto designado" funciona como emissor, o "interpretante significativo" como receptor e o "meio" como canal.

Por situação semiótica ou situação sígnica, devemos entender, com Bense, a divisão, isto é, a distinção de dois ambientes externos, que pode ser indicada como diferença $\triangle$:

$$\text{Sit}_s = \triangle \ A_1 \ A_2$$

Bense fala a respeito de uma "relação semiótica de indeterminação e, com isso, amplia o conceito da indeterminação semiótica introduzido por Peirce. Distingue, em seguida, situações sígnicas referidas ao objeto, e precisamente:

1. a situação sígnica *icônica*, quando um sistema de enquadramento separa dois ambientes (interno e externo);
2. a situação sígnica *indexicálica*, quando um sistema de direção une dois ambientes (sinalizadores de trânsito – rua, emissor–receptor);
3. a situação sígnica *simbólica*, quando um sistema de repertório seleciona completamente os ambientes.

As situações sígnicas icônicas representam *sistemas de estado*, as situações indexicálicas representam *sistemas de comunicação* unilaterais e bilaterais, e as situações sígnicas simbólicas representam *sistemas de informação* seletivos. São adotados com exemplos: para os *sistemas de estado*: muros, casas, quartos, pátios; para os *sistemas de comunicação*: ruas, canais, escadas, pontes; para os *sistemas de informação*: fichários, catálogos, bibliotecas, depósitos, agendas.

Os *ambientes sígnicos* ganham indicação correspondente, como vemos a seguir:

1. *esquema ambiental determinado em enquadramento*, icônico;
2. *esquema ambiental determinado em direção*, indexicálico;
3. *esquema ambiental determinado no repertório*, simbólico.

É fácil encontrarmos a propósito, exemplos que correspondam às situações sígnicas. Às situações e aos ambientes associam-se canais, o que torna obviamente compreensíveis os *esquemas de canal*, correspondentes aos outros dois esquemas.

Distinguimos, com Bense, os seguintes canais:

1. *canais determinados em enquadramento*, icônicos (p. ex., canais de percepção no sentido do espaço perceptivo euclidiano segundo C. Shannon, isto é, do espaço paramétrico de representações segundo Meyer-Eppler, esquemas de rimas, ordenamentos visuais de textos de poesia concreta e visual, figuras de silogismos);
2. *canais determinados em direção*, indexicálicos (p. ex., ruas, pontos cardeais e rotas, canais arquitetônicos de acesso, condutos, cadeias de sinais, relações causais);
3. *canais determinados no repertório*, simbólicos (p. ex.: vocabulários, mostradores de relógios, discos seletores de telefone, acumuladores, teclados, listas, caixas de câmbio).

O esquema universal de comunicações da técnica das telecomunicações mostra o seguinte ordenamento:

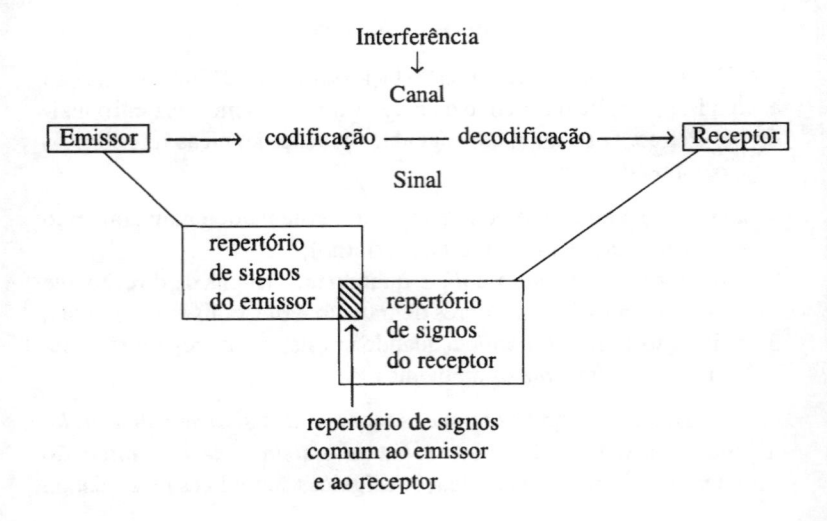

Sob o ponto de vista semiótico, acrescente-se a isso que no repertório de signos não lidamos obviamente com "meios" transmissíveis, mas com signos plenos, isto é, com relações triádicas que se decodificam em sinais e novamente em signos. Segundo o tipo das relações do repertório, isto é, segundo coincidam elas completamente (caso ideal que só pode ser assumido hipoteticamente mas não assinalado de fato), parcialmente ou não coincidam de maneira alguma, a comunicação será completa, parcial ou totalmente impossível.

Tudo o que foi dito aqui sobre a situação sígnica, o ambiente e o canal e seus diferentes esquemas, naturalmente representa apenas um esboço desse âmbito e não pretende apresentar-se como um estudo completo. Nem o poderia. Para que as relações se tornem um pouco mais claras, cumpriria ainda aduzir o *esquema de transformação* dos signos introduzido por Bense, e que é um modelo da relação de todas as fases semióticas interessadas de fato numa relação de comunicação, podendo ser assim representado:

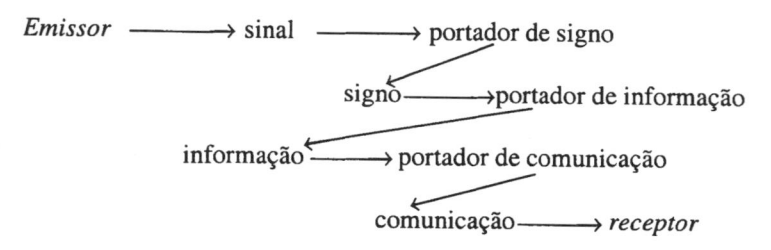

Sob o aspecto da *percepção*, isto é, do *conhecimento*, pode-se entender a identificação do objeto como a relação entre referência ao meio e referência ao objeto. Max Bense emprega para a representação dessa relação a idéia dos repertórios de emissores e receptores e fala de identificação icônica, indexicálica e simbólica dos objetos, a saber:

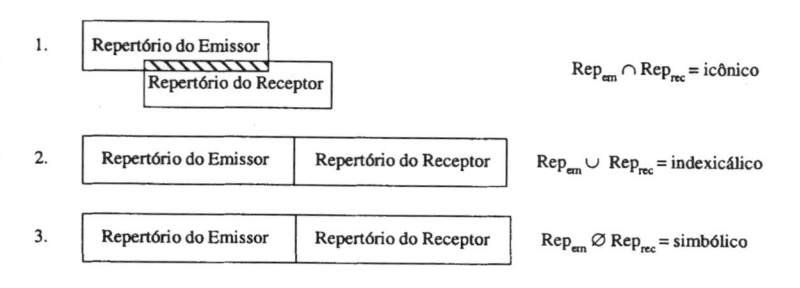

$(\cap = e; \cup = ou ; \varnothing = conjunto vazio)$

Seguramente temos aqui relações de comunicação interna ao signo de tipo unilateral entre "M" e "O".

2.8. CARACTERIZAÇÃO NA TEORIA DOS GRÁFICOS DE SIGNO E COMUNICAÇÃO

A teoria dos gráficos fornece um meio ulterior para representarmos intuitivamente um signo. Bense representou a relação sígnica triádica mediante um gráfico que permite ilustrar o esquema do signo como conexão relacional, e emprega para tanto um gráfico "não direcional", ou seja, uma conexão de pontos ou nós com segmentos:

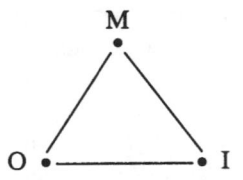

Se, portanto, concebermos o signo como uma formação gerativa ou degenerativa, poderemos utilizar para a sua representação um gráfico "direcional" e representar, com Bense, as seguintes concepções mais específicas do signo:

1. Um signo gerado:

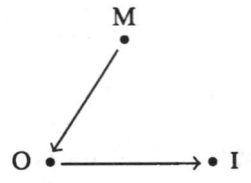

2. Um signo degenerado:

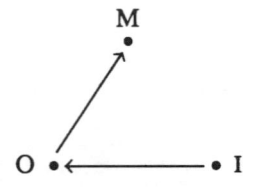

3. Um signo tético:

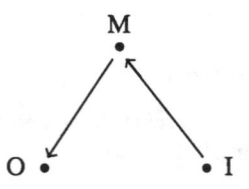

No primeiro gráfico, a referência ao meio precede a referência ao objeto e esta precede a referência ao interpretante; no segundo gráfico, o processo desenvolve-se em sentido contrário e, no terceiro, o interpretante escolhe um meio para um objeto. Também as referências ao objeto icônicas, indexicálicas e simbólicas do signo podem ser representadas por gráficos, a saber:

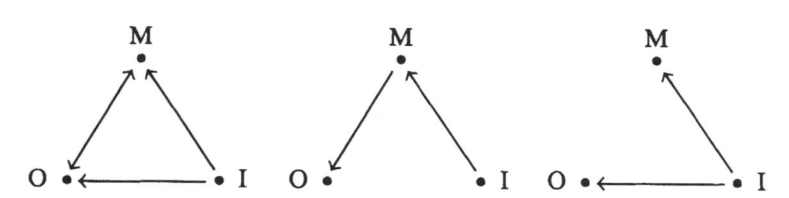

W. Berger desenvolveu com isso um gráfico semiótico de comunicação, visto que definiu os gráficos ora como representação ora como conhecimento, de tal modo que o interpretante funciona ora como emissor ora como receptor, sendo, conforme o caso, indicado como "I_{em}" ou então "I_{rec}":

Representação icônica:

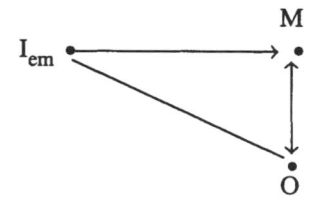

Conhecimento icônico:

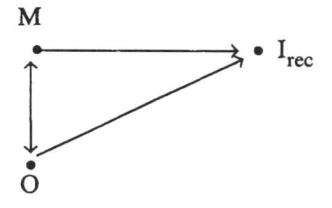

Representação indexicálica:

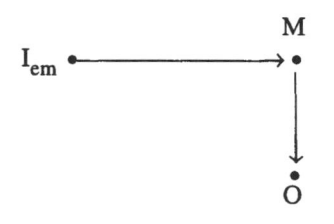

Conhecimento indexicálico

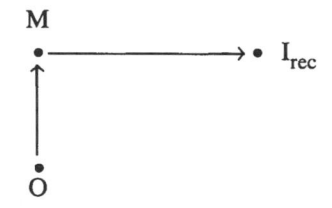

Representação simbólica

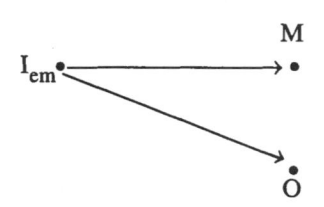

Conhecimento simbólico:

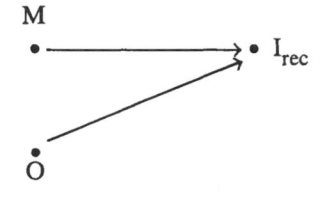

A unificação dos gráficos de representação e de conhecimento possibilita três gráficos direcionais de comunicação:

Gráfico de comunicação icônica:

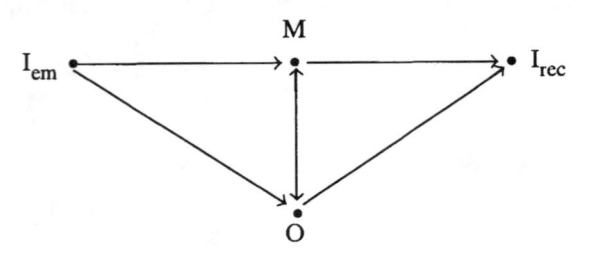

Gráfico de comunicação indexicálica:

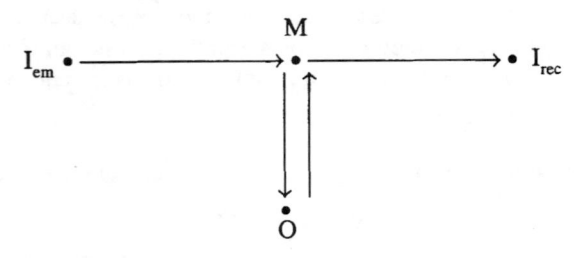

Gráfico de comunicação simbólica:

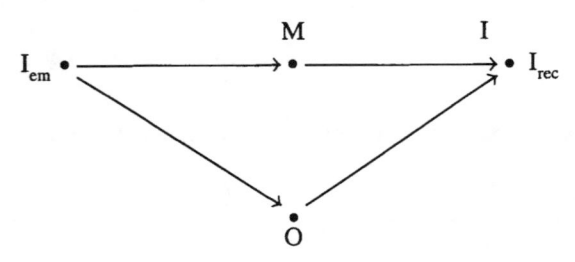

Como assinalou Berger, em cada comunicação podem-se estabelecer dois procedimentos sígnicos diferentes na geração do signo do emissor e do receptor. Por ainda se encontrarem em fase inicial de pesquisa, essas reflexões atinentes a comunicação, situação, canal e ambiente são aqui mencionadas apenas como alusões a possíveis tarefas de pesquisa.

2.8.1. Tentativas de Algebrizar a Semiótica

Max Bense procurou realizar, com base nos gráficos de existência de Peirce, nas classes sígnicas e nas categorias fundamentais, uma conexão com os gráficos de categoria da teoria das categorias (Mac Lane, Lawvere e outros). Bense parte da idéia de que a relação sígnica de Peirce representa uma relação categorial triádica ordenada:

$$S = R_{cat} (.1. > .2. > .3.),$$

onde (>) é o signo para a seleção, isto é, a sucessão (*posteriority* no dizer de Peirce) e (.1.) é a categoria da primaridade etc. A relação sígnica, assinalada como S = (M, O, I) ou, mais precisamente, como S = R (M → O• → I) é entendida por Bense como um sistema de "morfismos multiplicativos":

$$(x → y . y → z) ⇒ x → z,$$

ou seja,

$$(M → O . O → I) ⇒ M → I$$

Exemplos de gráficos da teoria das categorias são do gênero:

$$\begin{array}{c} f \\ A → B, \end{array}$$

isto é, um morfismo (uma ilustração) f de uma fonte A para um fim B, ou então;

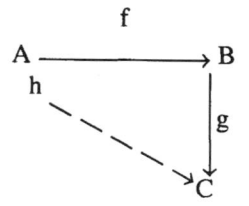

isto é, uma categoria elementar com os morfismos: f . g = h, isto é (escrito linearmente):

$$A \underset{f}{- - →} B . B \underset{g}{- - →} C ⇒ A \underset{h}{- - →} C$$

Se nesse gráfico entendermos, com Bense, A como objeto exterior (fonte) e B como consciência ou interpretante (fim), então poderemos escrever as classes sígnicas, por exemplo:

$$\begin{array}{c} 1 . 1 \\ 2 . 1 - - - - → 3 . 1 \end{array}$$

Baseado nisso, Bense desenvolveu sua semiótica como teoria do conhecimento no sentido de uma teoria da representação e da comunicação.

Robert Marty, ao prosseguir com uma ulterior elaboração da teoria das categorias, mostrou que as classes sígnicas peircianas também formam uma conexão com as teorias da ilustração. Marty reconstruiu essa conexão por meio das relações de ilustrações, que caracterizam as duas semioses no interior de cada classe sígnica, e determinou a passagem de 1 a 2 como *realização*, indicada por (α) e a passagem de 2 a 3 como *formalização*, indicada por (β). Baseado nisso, pôde ordenar as classes sígnicas peircianas numa estrutura de tipo conectivo (*cf.* Fig. 1). Pôde igualmente expressar a formação da réplica peirciana por meio de um morfismo ulterior, indicado por (β*) que ele denomina *replicação* e que, em seus esquemas, se acha representado por setas tracejadas.

Com base nessa representação, Marty discute também a conexão entre as classes sígnicas e mostra que essas classes só se relacionam entre si se (em seu esquema) existir uma via para que se realize a ligação. Terão entre si uma conexão imediata se entre elas subsistir uma relação de ilustração; terão uma conexão mediata se necessitarem de outras classes sígnicas como membros intermédios. Marty dá-nos o seguinte exemplo: se quisermos estabelecer uma conexão entre 1.3 2.1. 3.1 e 1.3 2.3 3.2, necessitaremos de três graus intermédios:

1. a passagem (–, α, –);
2. a passagem (–, –, α);
3. a passagem (–, β, –) que, no entanto, representa apenas uma de duas possibilidades.

Peter Beckman e Wolfgang Berger, antes de Marty, forneceram representações teórico-conectivas das classes sígnicas, sem conside-

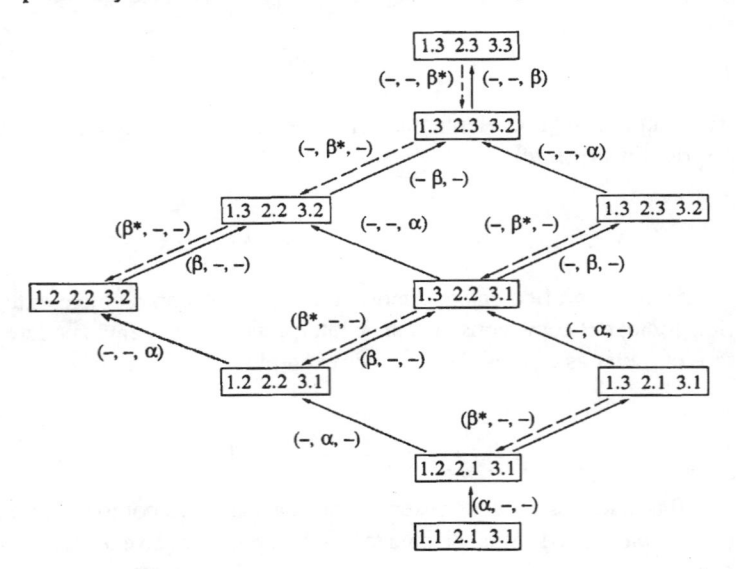

Figura 1: Esquema de Robert Marty

rar, porém, as relações de ilustrações (morfismos) e a formação das réplicas.

Se escrevermos as classes sígnicas (segundo nosso ordenamento que começa pelo interpretante) deslocando um pouco a direção, obteremos o esquema reproduzido na Fig. 2.

Se girarmos o esquema num ângulo de 90° na direção dos ponteiros do relógio e o confrontarmos com os esquemas peircianos das classes sígnicas, constataremos que eles coincidem, no ordenamento, com o esquema de Marty modificado pela autora deste livro. Só que em Peirce faltam os morfismos, isto é, as relações de conexão. (As replicações não são aqui consideradas.)

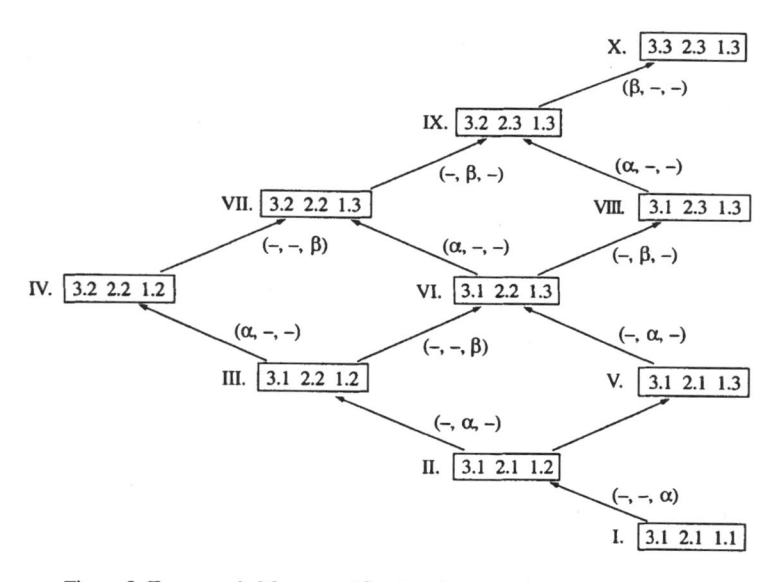

Figura 2: Esquema de Marty modificado pela autora.

2.9. O SIGNO COMO MEIO DA FORMAÇÃO, DA INFORMAÇÃO E DA COMUNICAÇÃO

Até agora temos introduzido os signos distinguindo-os essencialmente como produtos da consciência gerados por entidades independentes da consciência. Nós os descrevemos e os definimos, esclarecemos suas funções e informamos sobre as operações que se podem realizar sobre eles e com eles. Uma questão importante até agora não foi levantada, a saber: "O que *produzem* os signos?"

Poderíamos, naturalmente, compilar longas listas sobre as múltiplas possibilidades de uso que os signos oferecem: designar, descrever, avaliar, investigar, programar, denominar, planificar etc.; servem também para expressar desejos, ordens, pedidos etc., ou para interpretar, discutir, graduar ou compreender a realização artística e técnica, e isso se enumerarmos apenas algumas possibilidades importantes. A mais universal serventia dos signos, no entanto, consiste, sem nenhuma dúvida, na diferenciação e na identificação, isto é, no discernimento de cada entidade, seja ela, indiferentemente, um entidade "dada" ou "produzida".

A questão da específica capacidade de realização dos signos pode, porém, correspondentemente ao nosso conceito triádico de signo, ser subdividida em três âmbitos, os quais se referem primeiramente a "como" o signo designa; em segundo lugar, a "o que" designa; em terceiro lugar, a "para quem", ou "para o que" ou "com que fim" designa.

O lingüista Karl Bühler sustentava que os signos serviam: 1. para expressar algo, 2. para representar algo e 3. para comunicar algo. Podemos, portanto, distinguir no signo três possibilidades de realização ou componentes, que caracterizaremos por meio dos conceitos de "forma" ou "componentes de expressão", "informação" ou "componente de representação" e "comunicação" ou "componente de notificação".

A *forma* concerne, como componente de expressão do signo, à referência ao meio, isto é, as formas estão *orientadas para o meio*. Isso significa que antes que um signo possa ser referido a um objeto ou a um acontecimento a fim de nomeá-lo ou designá-lo, antes que possa formular uma asserção acerca de um objeto tematizado, é imprescindível que se hajam proporcionado ou produzido os meios de expressão como formas determinadas ou *Gestalten* sígnicas (Scholz, Hermes), ou como "figuras", "expressões" ou "morfemas", como também se diz. As formas não apenas constituem um repertório como também são sempre introduzidas, analisadas etc. em relação a um repertório. (Já falamos detalhadamente sobre o repertório dos meios.) Independentemente do que as formas designem ou signifiquem, são elas produzidas de modo que se distingam claramente de outras formas do repertório, mas permaneçam apropriadas para o repertório em suas formas externas, em suas configurações formais. Trata-se já aqui de um "iconismo de adaptação" (Bense) das formas entre si, relevante para a perceptibilidade, a identificabilidade, a possibilidade de conexão, mas também para "estados estéticos".

As reflexões sobre a constituição das formas referem-se, portanto, aos componentes de expressão do signo, quer se trate de signos elementares ou moleculares. Elas desempenham um papel onde quer que ou devam ser criados novos signos ou sejam concebidos de modo novo signos já existentes, por exemplo as letras do alfabeto quando a eficácia visada resida na escritura ou na forma exterior da letra e não no conteúdo da palavra.

Todas as considerações de tipo formal relacionadas, por exemplo, com o tamanho, a posição, a ordem etc. dos signos não são, evidentemente, puros problemas teóricos da semiótica, mas problemas da aplicação sobre os quais Bolzano, em sua *Wissenschaftslehre* [*Teoria da Ciência*], discorreu explicitamente sob o título "semiótica". Aqui só podemos esboçar a possibilidade de aplicação em relação a considerações formais, isto é, com vistas ao modo e à maneira, ao "como" do signo.

No signo como meio de expressão, podemos, considerada apenas a referência ao meio, prescindir sobretudo da referência ao objeto e ao interpretante, mas é evidente que as formas e a criação de formas dependem também de *o que* e *para quem* devem elas representar. Lembro, por exemplo, uma expressão "não apropriada" em relação a um objeto na criação literária ou retórica. Exatamente nesses casos torna-se evidente que a formação dos signos no sentido de suas figurações materiais ou relativas ao meio não é independente nem do objeto nem do interpretante.

Em geral o que está em pauta, na consideração das formas, são os meios formados ou configurados, não os objetos encontrados, que são explicados com signos. Esses meios dependem do material, da situação do ambiente e do canal. As formas podem ser fornecidas, ou seja, produzidas de maneira visual, auditiva etc. Suas possibilidades de combinação podem, além do mais, depender de um ou mais âmbitos perceptíveis sensivelmente. Em outras palavras: as formas materiais já se encontram prontas como quali-signos e sinsignos, se aceitas universalmente, devem também ser entendidas como legi-signos.

Os meios configurados, isto é, a forma criada relativamente ao meio permite que, em dadas circunstâncias, se estabeleça também um aspectos estético, uma vez configurada uma dadidade material, como já dissemos. Isso, no entanto, não significa que todas as formas criadas devam ser avaliadas como "signos estéticos", mas que cada signo realizado pode constituir um certo grau – superior ou inferior – de um "estado estético" (Bense).

No que respeita aos *componentes de representação* do signo, isto é, a *informação* especificamente unida a ele, que constrói, apresenta e representa, cumpre sobretudo ressaltar que não se trata aqui do conceito de informação da técnica das comunicações, isto é, da teoria da informação, mas sim daquilo que, nos trabalhos de Stuttgart, foi denominado "informação semiótica". Deve-se ainda observar que, na informação semiótica, lidamos com componentes do signo *orientados para* o objeto.

A *informação* do signo está, portanto, diferentemente de sua formação, ligada não apenas à situação material criada ou produzida, mas sobretudo à referência de um signo como meio a seu objeto externo. Que uma informação acerca de um objeto não possa ser completamente exaustiva e possa, portanto, representar não todos, porém sempre um ou vários aspectos do objeto, é algo que se relaciona com a já mais de uma vez lembrada "geral indeterminação" do signo, indeterminação essa que, evidentemente, pode ser maior ou menor. Mas também está relacionada com o fato de não ser solicitada uma informação "exaustiva", porque o destinatário está satisfeito com uma informação suficiente para seus objetivos.

A propósito da informação no sentido mais amplo, podemos falar de "conteúdo" ou "substância" do signo, visto que cada signo se refere a algo e é impossível, pelo menos na práxis semiótica, falarmos de signos como "pura forma", que não designam nem significam nada, embora tais e similares formulações sejam empregadas em certas publicações, inclusive de logística.

Por informação semiótica entendemos, em geral, o "grau da presença do objeto... no signo, isto é, o grau, fixado por meio do signo concreto realizado, do 'ser representado' do objeto", como diz Bense. Quando os subsignos da referência ao objeto representam seus objetos, no sentido de que no caso do ícone reproduzem, no caso do índice indicam o objeto e no caso do símbolo designam livremente o objeto, então, obviamente, o objeto é representado mais claramente pelo ícone do que pelo índice e, mais ainda, do que pelo símbolo. A informação semiótica acerca de um objeto é, portanto, maior no ícone do que no índice, e a menor está no símbolo. Isso induz Bense a falar da *informação semiótica* como inversamente proporcional à semioticidade de um signo, porque, por semioticidade entendemos a função gradual do próprio signo, que no símbolo é máxima e, no ícone, mínima. Naturalmente, com relação à informação semiótica, vale também tudo aquilo que dissemos para os sistemas semióticos, quando falamos do sistemas de enquadramento icônico, do sistema de direção indexicálico e do sistema de repertório simbólico.

Conhecimento, percepção, avaliação, juízo etc. são atividades do homem direcionadas para o mundo, para o ambiente, para os objetos e para os fatos de consciência. Evidentemente, não é possível percebermos, conhecermos ou avaliarmos imediatamente mas apenas mediatamente, por meio de signos. Nossa relação com o mundo é, pois, sempre uma relação semiótica ou, em outras palavras: nós "temos" o mundo, os objetos, os acontecimentos etc. apenas em signos e por meio de signos.

A *comunicação*, ou seja, os componentes de transmissão do signo dependem, em primeiro lugar, de que se institua uma relação entre um emissor (falante) e um receptor (ouvinte). Naturalmente o signo mediador não é apenas um meio físico, como as ondas sonoras, mas o signo pleno como relação triádica, como já foi explicado. Em segundo lugar, a comunicação depende do canal de comunicação, que pode ser unilateral (de uma só parte) ou bilateral (de ambas as partes). Por exemplo, um contrato está relacionado predominantemente com um canal unilateral, um colóquio, com um bilateral. O canal está, por sua vez, relacionado com aquilo que nós de um lado chamamos "situação" e, do outro, "ambiente". No entanto, a comunicação pressupõe também as formas ou expressões e a informação ou representação: porque definitivamente, é só por meio de signos reais que nos podemos fazer entender e isso significa que a referência ao meio e a referência ao objeto são necessárias para produzir a referência ao interpretante, ou seja, ao intérprete ou receptor do signo. São, pois, importantes, na comunicação, os meios e os conteúdo escolhidos para instituir a comunicação com um dado destinatário. O destinatário determina, portanto, tanto a escolha dos meios como o objeto a representar, visto que é ele, por assim dizer, o escopo a ser alcançado. O emissor ou falante deve adaptar-se ao receptor ou ouvinte a fim de poder estabelecer uma comunicação.

Se o esquema da comunicação é, como dizemos, ele mesmo um esquema triádico, o signo enquanto signo já é, obviamente, um esquema de comunicação. Podemos denominá-lo, em oposição ao externo, um "esquema interno de comunicação" no qual a referência ao objeto funciona como "quase-emissor" e a referência ao interpretante como "quase-receptor", coisa que Peirce também se referiu ao dizer: "O pensamento não apenas existe no mundo orgânico, mas é aí que se desenvolve. Mas como não pode haver nada geral sem exemplos, assim também não pode haver pensamentos sem signos. Indubitavelmente devemos aqui entender o 'signo' num sentido bastante amplo, porém não tão amplo a ponto de ficar fora de nossa definição. Se aceitamos que signos coligados devem ter quase-espírito, podemos, ademais, explicar que não podem existir signos isolados. Além disso, os signos exigem pelo menos dois quase-espíritos: um quase-emissor e um quase-receptor; embora ambos estejam reunidos no mesmo signo (isto é, *são* um espírito), devem, todavia, ser diferenciados. No signo eles se encontram, por assim dizer, fundidos".

A compreensão só poderá ser atingida quando pelo menos uma parte dos signos empregados encontrar-se tanto no repertório do emissor como no do receptor, isto é, quando o repertório do emissor e o do receptor formarem uma união ou uma interseção. Caso isso não ocorra, cumpre interpor um intermediário, intérprete ou tradutor, como mediador entre emissor e receptor.

Mas fazer-se entender depende, também, de que os meios representem seus objetos icônica, indexical ou simbolicamente, sendo que a representação icônica, que reproduz o objeto, é obviamente mais fácil de compreender do que as outras duas, ou seja, é imediatamente comunicativa, ao passo que o índice, embora indique diretamente o objeto correspondente, só consegue fazer-se entender em relação ao objeto quando este se encontra efetivamente presente e for suficientemente conhecido do receptor. Já a representação simbólica é sempre apenas mediatamente comunicativa, isto é, depende da familiaridade que tenham o emissor ou o receptor com os símbolos empregados, quando empregados em relação a algum objeto. Não depende, contudo, nem do objeto presente nem de outras características do objeto.

A comunicação, isto é, o fazer-se entender, compreende, final-mente, tudo aquilo que constitui a referência ao interpretante do signo, isto é, o âmbito que denominamos "campo do interpretante". Porque entender significa acolher ou aceitar o significado do signo. Ora, o significado pode ser remático, dicêntico ou argumentativo, como dizia Peirce, ou pode ser entendido como conexão aberta, fechada e com-pleta, como completou Bense. Se o emissor e o receptor devem ser concebidos como intérpretes de signos, então fazer-se entender depen-de também de que o emissor compreenda os signos que fornece com o mesmo sentido que os entende o receptor que os recebe. Em outras palavras: o entender não está ligado apenas à atividade do receptor, mas também à do emissor. Tudo o que passaremos a expor acerca da referência ao interpretante adquire seu completo valor a partir dessa consideração.

Finalmente, cumpre-nos ainda sublinhar: apenas na comunicação, isto é, nos componentes de transmissão do signo, com base na qual os componentes de formação e de informação obtêm seu significado es-pecífico, desenvolve-se evidentemente o *uso*, que Wittgenstein tanto sublinhava, o *instrumento* (Dewey) ou a *dimensão pragmática* do sig-no (Morris), que permitem ao signo transformar-se numa "unidade cultural", conforme observou Eco.

3. Aplicações da Semiótica

A posição privilegiada da semiótica como teoria geral (inter-subjetiva e intersensível) dos signos em relação à matemática, à lógica, à lingüística e às artes, para falarmos apenas nestas, deve-se ao fato de que ela investiga explicitamente todos os signos, as relações sígnicas e os processos sígnicos, que, nesses campos, são usados implícita, intuitiva e automaticamente. Isto é, não existe, em nenhuma atividade espiritual, um meio utilizável ou utilizado que, uma vez referido a qualquer fato ou acontecimento material ou não material, não pertença à teoria geral dos signos.

Estranho seria se um tal meio universal da atividade da consciência, que compreende todo tipo de sensações mentalizadas, não possuísse, ao lado de sua concepção teorética, também uma concepção prática. É evidente que cada disciplina, cada intenção intelectual e comunicativa de nossa consciência ou de nossa vida existencial e social, isto é, a linguagem, a arte, a ciência, a técnica e a comunicação, em que o que está sempre em pauta é a expressão, a representação, a conjuminação e a mediação de conhecimentos, reflexões e criações, é obtida de conceitos sígnicos e de processos sígnicos teóricos e práticos. "O homem", assevera Bense, "não se relaciona apenas com as coisas, mais também com os signos. Seu conhecimento é muito mais um mundo de signos do que um mundo de objetos. A relação sígnica, no complexo da vida espiritual, é o fundamento para um comportamento objetivo adequado" (*Paper* 9). Poderíamos ampliar esse ponto de vista e asseverar que o homem, como espécie, só pode relacionar-se com os objetos por meio de signos e que cada relação com o mundo, em sua totalidade e em suas particularidades, nunca pôde ser instituída de maneira imediata, mas será sempre mediatizada por meio de signos.

Estética e teoria da arte, matemática e teoria da ciência, lógica e lingüística, teoria do *design* e da arquitetura parecem-me ser, atualmente, os campos mais importantes de aplicações teóricas e práticas da semiótica, embora todos esses campos, que constam de sistemas sígnicos, empreguem apenas indiretamente sua semiótica específica, sem orientá-la para uma teoria abrangente dos signos.

Depois de provisoriamente concluídas as pesquisas no âmbito da estética e da teoria do texto, acham-se em curso, no momento, no Instituto de Stuttgart, trabalhos sobre a semiótica da comunicação, a teoria da ciência e a matemática. Limitar-me-ei, aqui, em seguida, a algumas anotações sobre como a semiótica tem sido aplicada à estética e ao *design*. Peirce já nos forneceu exemplos no domínio da lógica, da matemática e da antiga lingüística ou gramática. Bense forneceu exemplos para a aplicação da semiótica à matemática, particularmente em conexão com o conceito de invariante de Felix Klein, da topologia combinatória e da recente teoria das categorias. Eu mesma desenvolvi, nos capítulos precedentes, exemplos lógicos e lingüísticos. Tais esboços podem bastar como uma primeira orientação sobre as possibilidades de aplicação da semiótica.

3.1. SEMIÓTICA E ESTÉTICA

A estética da teoria da informação – que se deve sobretudo aos trabalhos de Max Bense, A. A. Moles, H. Frank, R. Gunzenhäuser, S. Maser – pode ser representada, primeiramente, como uma estética numérica e, em segundo lugar, como uma estética semiótica. A estética numérica alicerça-se nos trabalhos do matemático norte-americano George D. Birkhoff (surgido entre 1929 e 1933). Introduz a "medida estética" de um objeto artístico como uma função da "ordem" e da "complexidade" dos elementos materiais empregados, isto é, como um quociente de "ordem" e "complexidade". Em sua "estética abstrata", na qual Bense procura generalizar o princípio de Birkhoff, a relação é assim formulada:

$$Ee = F \text{ (ordem, complexidade), isto é:}$$
$$Ee = \text{ordem/complexidade} = O/C = M_e,$$

na qual Ee denota o "estado estético" do objeto artístico e M_e a "medida estética".

Embora sustentassem o princípio de Birkhoff, Bense e Gunzenhäuser ampliaram a relação da medida estética com os estados macroestéticos, expressando o quociente birkhoffiano *O/C* no âmbito microestético por meio do quociente de "redundância" estatística e de "informação" estatística, e assim introduziram uma medida específica de teoria da informação para os "estados microestéticos":

$$Ee = \text{redundância/informação}.$$

Essa maneira de consideração numérica da estética foi depois desenvolvida por Siegfried Maser com a introdução de uma unidade convencional, *birk*, e o chamado "valor estético", V_e. O valor estético foi entendido aqui como uma função da medida estética:

$$V_e = F(M_e).$$

Ela determina o estado estético, ou seja, a medida estética, por meio de um número característico, que representa um "valor" no sentido de preferência de gosto ou de consenso, subjetiva ou socialmente condicionada.

Nesse meio tempo, Bense ainda complementou a "estética numérica" no sentido da estética de medida e valor, com a "estética semiótica", a qual utiliza, obviamente, todos os meios da semiótica, por nós até aqui introduzidos, para analisar o objeto de arte.

Nos primeiros escritos de estética e de teoria do texto de Bense, em que ele se refere à obra de arte como um "signo", já encontramos pontos de partida para tais reflexões, as quais, sem dúvida alguma, foram estimuladas por Hegel, mas também por Morris, particularmente por sua *Esthetics and the Theory of Signs* (1948), embora Bense entenda a obra de arte não à maneira de Morris, como um "signo estético", isto é, como um signo específico, que Morris caracteriza como um ícone particular mas não em sua referência ao meio e ao interpretante, e sim apenas na referência ao objeto.

Morris determina o "estado estético" da obra de arte mais (primeiramente ainda sem a teoria de base de Peirce da semiótica) como uma "entidade de segundo grau", caracterizada modalmente não por meio da realidade, mas somente pela "co-realidade". Um primeiro passo em direção à determinação semiótica da obra de arte foi a passagem da "medida estética" de Birkhoff ao conceito de "informação estética", isto é, a substituição de "ordem" por "redundância" e de "complexidade" por "informação". A consideração propriamente semiótica de obras de arte só pôde ter início a partir do momento em que foi introduzido por Bense o estado estético como uma função semiótica F_S de "interpretante" e "meio" (em lugar de "ordem" e "complexidade") e que o "estado estético" semiótico foi definido por intermédio de:

$$Ee_{sem} = F_S \text{ (interpretante, repertório de meios)}.$$

Como sabemos, Bense caracterizou a referência ao interpretante, isto é, rema, dicente, argumento, como formação de conexões, isto é, mediante conexões ou contextos abertos, fechados e completos, que são produzidos por meio das operações de adjunção, superização e iteração. Interpretantes como conexões são sempre reuniões de meios pertencentes a um repertório de signos e deste são selecionados, quer se trate, indiferentemente, de cores, sons etc. A reunião, a ordem, a distribuição ou composição de meios, a formação de supersignos a partir de signos elementares e de super-supersignos etc. constituem o processo semiótico específico que desempenha a função mais importante na produção de objetos de arte. Uma obra de arte pode, pois, ser considerada um supersigno complexo de um dado grau, que se baseia em adjunção, superização e iteração, isto é, em operações do gênero várias vezes repetidas que conduzem a uma configuração, isto é, a um supersigno com referência ao objeto icônico no sentido de um "sistema de enquadramentos". Dito de outro modo: o estado estético ou gerado por um objeto de arte deve ser determinado semioticamente como superícone com interpretante dicêntico: daí porque Bense assim expressa a fórmula gerativa completa de uma situação semiótica estética:

$$Ee = \text{interpretante/meio} \Rightarrow \text{superícone}.$$

Baseado nessas reflexões semióticas, o "valor" estético introduzido por Maser representa não só uma função da medida estética mas também uma função do superícone, isto é, da supericonicidade do objeto estético, ou seja:

$$V_e = F_s \text{ (supericonidade)}.$$

Entretanto, como sustenta Bense, não há que considerar apenas a formação de supersignos, sublinhada sobretudo por Moles e Frank, mas também o fato de que os signos elementares já são introduzidos como meios e como relações triádicas e, conseqüentemente, abarcam todas as referências, inclusive a referência ao interpretante. Nos signos elementares, por exemplo, na formação do signo elementar em contraposição ao supersigno, lidamos com processos semióticos internos, isto é, com uma geratividade interna do quali-signo para o legi-signo por meio do sinsigno, do ícone para o símbolo por meio do índice e do rema ao argumento através do dicente: Com uma "superização interna", no dizer de Bense. Cada "superização externa" baseia-se, portanto, em "superizações internas" ou, em outras palavras: cada criação de situações estéticas é uma formação interna e externa de supersignos.

A essa concepção prende-se também a operação da *realização*, estudada por Peirce no sentido de "criação" como um todo, e que ele entende como *esquema de criação*, no qual uma "terciaridade", unida a uma "primaridade", cria uma "secundaridade", por exemplo: um interpretante, unido a um meio, cria um objeto.

As primeiras análises semióticas e estéticas realizadas no Instituto de Stuttgart tinham como referência a estética de Peirce (Th. Schulz); em seguida Marlis Gerhardt analisou a literatura de Kafka, e Hans Brög, duas gravuras em madeira de Durero. Por outro lado, eu mesma procurei comparar, com meios semióticos, diversos textos e determinar semioticamente textos de Francis Ponge. Todos esses trabalhos devem ser avaliados sob o ponto de vista atual, como uma primeira tentativa de compreender e analisar "estados estéticos" como estados estéticos semióticos. Nesse ínterim, o equipamento metodológico, como demonstramos, foi ampliado e aperfeiçoado de modo que as futuras pesquisas poderão incluir muitos aspectos que nos primeiros trabalhos não puderam ser levados em consideração.

Recentemente, Bense (*Paper 9*) ampliou suas elaborações de uma estética semiótica por meio de considerações sobre a *origem semiótica da arte*, que ele contrapõe ao interèsse pelo objeto, isto é, à *origem objetiva da arte*. Tendo em vista que toda representação artística é uma representação icônica, indexicálica ou simbólica e que por representação se entende uma relação de um meio com o objeto, o interesse principal do artista não é o objeto como tal, mas a *representação* com os meios da arte. Bense apóia essa concepção nas maneiras fundamentais de relação do homem com seu ambiente, que ele determina mediante a *"adaptação"* icônica, a *"aproximação"* indexicálica e a *"escolha"* simbólica, e que deve ser entendida não apenas geneticamente mas, de modo geral, como essencial para o comportamento humano.

3.2. SEMIÓTICA E *DESIGN*

Ainda que a descrição semiótica de estados estéticos, seguida pelo desenvolvimento da estética semiótica juntamente com a numérica, tenha sido a primeira tentativa decisiva de uma semiótica aplicada, significado pelo menos igualmente importante assume sua aplicação no campo do *design* gráfico e industrial. Talvez até mesmo a semiótica moderna seja, para o *design* gráfico – cujas orientações, dada sua estreita ligação com as intenções práticas e comunicativas, estão mais fortemente direcionadas para os valores quantitativos dos números –, mais importante do que para a estética moderna.

Todavia, não há dúvida de que as pesquisas sobre os problemas do *design* estão apenas no início. Os primeiros trabalhos fundamentais foram realizados no Instituto de Stuttgart e na Escola Superior de Artes Figurativas de Hamburgo, se não levarmos em conta os ensaios realizados em outros lugares, sobre teoria da arquitetura. Fornecerei aqui apenas os fundamentos teóricos mais importantes no que respeita às possibilidades de aplicação da semiótica no âmbito do *design*.

Assim como a estética se ampliou, por meio de considerações semióticas, de uma teoria numérica para uma teoria mais abrangente, assim também a teoria do *design* pode transferir-se, com a ajuda de meios semióticos, de uma teoria estritamente técnico-matemática ou estético-numérica para uma teoria mais geral, que inclua, juntamente com a materialidade e funcionalidade técnica bem como com a determinação numérica de estados estéticos, também a instituição, o uso, a utilidade e a função comunicativa dos objetos do *design*.

Segundo Bense, deve-se antes de tudo estabelecer que a determinação semiótica do objeto do *design* está ligada ao caráter precipuamente técnico desse objeto que ele tem em comum com o signo. Em sua teoria do objeto, Bense, como já dissemos, distingue quatro espécies de objetos: objeto de natureza, objeto de técnica, objeto de *design* e objeto de arte, sempre determinados, cada um deles, por três parâmetros (o dado, a determinação e a antecipação). Os objetos do *design*, obviamente, não são dados como os de natureza, mas construídos. São, porém, antecipáveis como os objetos técnicos, isto é, são planejados. Mas, diferentemente daqueles, não são completamente determinados por meio das condições das leis naturais de suas funções técnicas, porque como objetos de *design* são, como os objetos de arte, assinalados pela indefinição em razão de seu conteúdo estético ou de sua esteticidade, sem por isso aspirarem à singularidade do objeto de arte; os objetos de *design* distinguem-se precisamente por sua reprodutibilidade. É lógico, portanto, enumerarmos entre os objetos de *design* alguns objetos arquitetônicos, visto que, por exemplo, na construção de casas residenciais ou pré-fabricadas (e também em materiais de construção pré-fabricados) tem-se por base, deliberadamente, sua total reprodutibilidade.

Em *Zeichen und Design* [*Signo e Design*], de 1971, Bense mostra que um objeto de design pode ser determinado semioticamente mediante três referências ou graus de liberdade, ou seja, dimensões. Um objeto de *design* possui, antes de tudo, uma *materialidade técnica* ou uma *dimensão material* chamada "hilética"; em segundo lugar, é um *objeto*, isto é, possui uma *dimensão semântica* chamada "morfética" e, em terceiro lugar, possui uma *funcionalidade técnica*, isto é, uma *dimensão sintática*, chamada "sintética". Semioticamente, a dimensão material pode ser determinada como "quali-signo icônico-remático", a dimensão semântica como "sinsigno indexicálico-dicêntico", a dimensão sintática como "legi-signo simbólico-argumêntico". Com isso o objeto de *design* é introduzido como um signo complexo que abrange as três classes sígnicas principais. A dimensão pragmática do objeto de *design*, seu emprego, seu uso percorrem as três dimensões mencionadas que constituem o objeto de *design*, e precisamente de maneira que, em correspondência com o esquema de criação de Peirce, conduz a aplicação da dimensão sintática (das condições funcionais e das leis naturais) à dimensão ilética (dos meios materiais empregados) para a produção da dimensão morfética, isto é, para a produção efetiva, que pode ser usada e consumida. Podemos, com Bense, distinguir três teorias (*Paper* 12 e 13) nas quais apoiar os objetos de *design*:

1. Teorias tecnológico-construtivas, que pertencem à técnica clássica (mecânica) ou não clássica (automática);
2. Teorias semiótico-comunicativas, que dizem respeito ao tratamento e à utilização, isto é, ao manejo dos objetos de *design*;
3. Uma teoria teleológico-pragmática, que concerne ao objeto de *design* como objeto de uso, isto é, com vistas a seu objetivo ou à sua utilização por alguém num âmbito determinado, fixado não apenas técnica mas também esteticamente.

Se ademais considerarmos as relações apontadas por Bense entre iconicidade e *adaptação*, indexicalidade e *aproximação*, simbolicidade e *escolha*, entendendo-se essas maneiras de relação como maneiras de relação semióticas fundamentais do homem, poderemos então caracterizar mais precisamente o objeto por meio de adaptação, aproximação e escolha. Como exemplo de análise semiótica de um objeto de *design*, no tocante à sua iconicidade de adaptação (adaptação do ouvinte em relação à mão, ao ouvido, à boca etc.), sua indexicalidade de aproximação (relação entre aparelho telefônico e microfone, entre disco seletor ou teclado e aparelho etc.) e à simbolicidade de seleção (o mesmo disco seletor), cumpriria citar a pesquisa de Kübler-Flath-Käo-Lobmeyer: Descrição Semiótica sobre o Exemplo de Três Aparelhos Telefônicos. Outro problema do *design* foi elaborado por um grupo de estudantes da Escola Superior de Artes Figurativas de Hamburgo (Christel Berger e outros). Tratava-se, no caso, de *design* gráfico para a informação e a comunicação num centro de compras de um subúrbio de Hamburgo cujo planejamento se baseou em considerações semióticas.

Se partirmos do fato de que os objetos de *design* são planejados, realizados e empregados, poderemos distinguir – coisa para a qual Max Bense recentemente chamou a atenção – três fases, que são, por sua vez, a conjunção de uma terciaridade com uma primaridade para produzir uma secundaridade e que, portanto, representam o esquema peirciano de criação.

Na *primeira fase*, a fase da *projetação* do objeto de *design*, o esquema peirciano de criação serve como ponto de partida heurístico. Um sistema de condições funcionais e de conceitos generalizados é ligado a um repertório selecionado de meios materiais para poder realizar o objeto de *design* prefixado.

Na *segunda fase*, a da *elaboração técnica* do objeto de *design*, organiza-se efetivamente, a partir do sistema dos materiais, isto é, do sistema hilético e do sistema das funções técnicas, isto é, do sistema sintético, o sistema semântico ou morfético do objeto de *design* como produto.

Na *terceira fase*, o objeto de *design* funciona como produto ou realização no *sistema de comportamento humano*, isto é, uma vez pressuposta a "lei causal teleológica" formulada em 1887 por E. F. W. Pflüger ("A causa de cada necessidade de um ser vivo é ao mesmo tempo a causa da satisfação dessa necessidade"), o objeto de *design* passa a funcionar como objeto de uso da "satisfação" de "necessidades".

3.3. SEMIÓTICA E ARQUITETURA

Num sentido mais amplo, os objetos arquitetônicos podem ser enumerados entre os objetos de *design* e tudo aquilo que no capítulo precedente se disse a respeito destes últimos pode simplesmente ser aplicado àqueles. Visto que o objeto arquitetônico é também, efetivamente, um objeto que se deve considerar entre o objeto técnico e o artístico e é criado não apenas para um uso espiritual, como a obra de arte, mas também para o uso prático, a saber, habitação, trabalho, festejo, representatividade, está ele, portanto, sempre marcado com base em sua destinação final.

Dentro da arquitetura podem-se distinguir pelo menos três importantes campos: a arquitetura "primária", a "secundária" (Kiefer) e a "terciária" da configuração urbanística, ou seja, a arquitetura de conjunto do "sistema urbanístico" – todas elas baseadas em diferentes métodos de planejamento e criação.

Os objetos arquitetônicos, de qualquer tipo, podem ser descritos e classificados com objetos realizados não apenas numérica mas também semioticamente, pois à semelhança do objeto de *design*, também o objeto de arquitetura é realizado com materiais (sistema hilético) e funções técnico-físicas (sistema sintético) para um produto arquitetônico (sistema morfético). Em outras palavras: cada objeto arquitetônico é um supersigno complexo, que pode ser concebido como um "sistema objetivo" de tipo complexo, porque cada objeto arquitetônico contém ou sistemas de repertório simbólicos, ou sistemas de direção indexicálicos ou sistemas de enquadramento icônicos, isto é, múltiplas conjunções de tais sistemas homogêneos com sistemas múltiplos. Naturalmente, como no objeto de *design*, também aqui desempenham, ademais, uma função os "estados estéticos", que, por seu turno, podem ser descritos numérica e semioticamente.

Se um edifício representa uma conexão fechada (um dicente), isto é, um superícone, é porque o edifício efetivamente existente, realizado num determinado ponto de uma determinada rua de uma determinada localidade num determinado tempo, é também um objeto singular ou um sinsigno, isto é, uma combinação particular, singular, de particulares elementos escolhidos somente para esse edifício. Esses elementos materiais são, por exemplo, paredes, janelas, portas, tetos, telhados, que, em geral, pertencem a um repertório de legi-signo mas, no caso específico, devem ser concebidos como réplicas de legi-signos, e portanto como sinsignos. O âmbito objetivo desses sinsignos ou legi-signos pode alicerçar sistemas de enquadramento icônicos (por exemplo, todos os espaços, os espaços internos, os pátios), sistemas de direção indexicálicos (por exemplo, a dependência da colocação da janela em relação aos pontos cardeais, as entradas, as passagens, como corredores, escadas, elevadores, sistemas de distribuição e de interrupção de edifício, telefones, antenas) e sistemas de repertório simbólicos (o número dos sistemas isolados, suas relações de altura e comprimento etc.). Todos os sistemas de objetos são isoladamente, no tocante à referência ao interpretante, de natureza remática. O edifício como totalidade, que representa a superização sobre seus elementos, isto é, sobre seus supersignos inferiores, é então caracterizável como supersigno supremo, e precisamente como superícone. Se a classe sígnica do objeto arquitetônico, tal como ele é não apenas planejado mas também efetivamente realizado, o "sinsigno indexicálico-dicêntico", a referência indexicálica dessa classe sígnica deverá ser explicada pelo fato de o objeto existir de maneira local e temporalmente determinada, isto é, de fato. Como tal, no entanto, ele também remeterá diretamente a seu criador (ou produtor), que o realizou, visto que possui determinadas características verificáveis que dizem respeito não só a uma corrente estilística mas ao estilo de uma determinada pessoa. Como dicente, contém não apenas, com superização, os elementos de repertório numa unidade mas também torna possível o juízo, a avaliação, isto é, implica os seus significados que obviamente se estendem às suas funções no uso e às suas relações com outros objetos similares, o que pode ser reforçado pelo "esquema de inclusão" já citado e suas "conexões de fundação".

Naturalmente a análise semiótica de cidades ou bairros, centros residenciais, povoados etc. deveria ser feita de modo semelhante, com a única diferença de que partimos da imagem global "cidade" ou "povoado" em lugar de edifício, e analisamos os elementos: casas, ruas, praças etc. sendo casas, praças e parque etc. entendidos como sistemas de enquadramento; ruas, rios instalações de distribuição e interrupção etc. entendidos como sistemas de direção e relações métricas, mas sendo também todas as informações que servem à comunicação, tais como placas indicadoras, regulamentação do trânsito, nomes de ruas, números de casa, entendidos como sistemas de repertório.

Várias vezes se tentou empreender a descrição semiótica de objetos arquitetônicos, mas os resultados ainda estão em embrião. Neste momento, acham-se em curso, no departamento de arquitetura da Escola Superior de Artes Figurativas de Hamburgo (Weber, Berger), diversos trabalhos que têm por meta análises exatas, com meios semióticos, de objetos arquitetônicos. Num primeiro trabalho, descrevem-se as "esferas de competência em arquitetura e suas relações recíprocas" (Helmholtz, Blomeyer); em trabalhos ulteriores, aprofundar-se-ão as "possíveis influências [...] de idéias semióticas em diversos campos da arquitetura".

Apesar de estarem sendo empregados os conceitos de "semiologia da arquitetura" (Moles, van Lier, Prieto, Barthes, Eco, Dorfles etc.) e de "semiótica da arquitetura" (Bense, Uhl, Sieverts, Schneider, Kiemle, Joedicke, De Fusco e outros), ainda continuam faltando pesquisas detalhadas que estabeleçam não só que a arquitetura é uma "língua de signos" (Uhl), que a forma da cidade é um "sistema de signos" (Sieverts, Schneider, Trieb), que a cidade é um "discurso" (Barthes) ou que a arquitetura é um "ato de comunicação" (Eco), e pode, portanto, ser submetida a uma consideração semiótica, mas pesquisas que também forneçam descrições ou análises satisfatórias, semioticamente controláveis de objetos arquitetônicos. Naturalmente, os aspectos estéticos da informação (Kiemle, Schneider, von Butlar, Wetzig e outros) são, a respeito, interessantes, embora por esse lado não se tenham ainda produzido exposições abrangentes.

Que as análises semióticas não apenas são possíveis, mas possuem também um valor heurístico para o planejamento e a realização arquitetônicos é fato confirmado por todos os que se dedicam à semiótica em arquitetura. Parece-me, no entanto, indispensável que uma análise e síntese semiótica da arquitetura seja realizada com base numa semiótica geral e abstrata e não alicerçada em teorias estruturalistas sociológicas e lingüísticas que se limitam a interpretar. Visto que a lingüística é uma ciência da linguagem, mas não uma teoria geral dos signos, ela própria necessita alicerçar-se numa teoria geral dos signos; todas as tentativas de identificar a lingüística com a semiótica naufragaram e a aplicação da lingüística à arquitetura (ou também à arte ou ao *design*) não viabiliza qualquer análise da arquitetura.

Esse, aliás, é o ponto de vista assumido por Manfred Speidel, cuja dissertação *Semiotic Considerations on Man-made Environment* recebi recentemente. Speidel analisa a formação do ambiente no sentido mais amplo (incluindo a arquitetura), alicerçando-se, de maneira conseqüente, na teoria de base de Peirce e em certas ampliações. Em especial, discute minuciosamente os aspectos comunicativos e informativos do *environment*.

3.4. SEMIÓTICA E MATEMÁTICA

Somente com a concepção consciente da semiótica como teoria mais ou menos autônoma, como a lógica ou a gramática, torna-se, em

Peirce, determinável com muito maior clareza a relação da semiótica com a matemática. Naturalmente, desde o princípio, a matemática pertence indiretamente à temática da semiótica, tendo-se em vista que números, algarismos, figuras, equações, estruturas aritméticas, algébricas, geométricas e topológicas representam precisamente signos e sistemas de signos. Correspondentemente, as operações aritméticas, as uniões algébricas, as construções ou demonstrações geométricas devem ser incluídas entre as semioses. Mas somente Peirce formulou conscientemente o conceito de número como conceito de uma relação triádica com base num terno ordenado (M, O, I) com os meios de uma teoria lógico-matemática, a teoria das relações, para cuja criação ele contribuiu de maneira determinante e que, pelo menos desde *Principia mathematica,* de Russel e Whitehead, faz parte dos instrumentos indispensáveis das ciências exatas e das pesquisas por elas realizadas sobre os fundamentos.

Com o conceito de signo, apoiado na teoria das relações, como uma relação triádica, a semiótica, sem dúvida, pertence pelo menos aos fundamentos teóricos da matemática e, por conseguinte, aos pressupostos da lógica, da teoria da ciência, da lingüística e semântica exatas.

Na verdade, depois de Peirce até nossos dias, a semiótica conquistou com muito trabalho um significado próprio como ramo autônomo da matemática. Só na Escola de Münster é que Hans Hermes esboçou, ainda sob a égide de Heinrich Scholz, uma axiomática para as uniões adjuntivas de signos, dando a essa teoria o nome de "semiótica" como uma teoria sobre as formações de signos (no sentido de "símbolos" abstratos e de sua "concatenação") em relação com as "linguagens formais". Falta, contudo, a essa semiótica formular logisticamente a aquisição essencial de Peirce, isto é, que no signo completo temos uma relação triádica com subdivisões (sub-relações) tricotômicas.

Somente a partir de 1962, no âmbito do Instituto de Stuttgart, foram novamente realizadas pesquisas semióticas que aplicam a matemática à semiótica e aplica o conceito de signo com base na teoria das relações e formações de conceitos, representações e operações matemáticas. Mas Bense, em suas tentativas de ampliar o conceito de signo com base na teoria das relações, tem chamado a atenção (*Paper* 14) sobretudo para o fato de que, ao lado das concepções que se reportam a Peirce, podem-se definir os seguintes conceitos de signos matematicamente determináveis.

1. o conceito de signo fundado na teoria das relações (baseado na teoria das relações de Peirce);
2. o conceito de signo fundado na teoria dos conjuntos (definição das referências ao objeto como "média", "união" e "repertório" de conjuntos de características, de Bense, Walther);
3. o conceito de signo fundado na teoria dos gráficos (Bense, Berger);

4. o conceito de signo fundado na teoria da automaticidade (Bense, Maser);
5. o conceito de signo fundado na teoria combinatória (Bense);
6. o conceito de signo fundado na teoria das categorias (dos conjuntos de pares) (Bense, Walther, Marty).

A semiótica, no sentido de fixações de signos, ou seja, de processos sígnicos, está sempre contida em conceitos e operações matemáticas. A aplicação consciente de uma semiótica abstrata, preparada a partir de campos sígnicos implicitamente dados, a campos matemáticos, lógicos, lingüísticos sempre significa, por conseguinte, uma relação recíproca.

No Instituto de Stuttgart, nosso interesse concentra-se, sobretudo, em analisar semioticamente, com certa precaução, algumas idéias matemáticas evidentes. Em especial as referências ao objeto do signo, isto é, ícone, índice e símbolo, parecem-nos aptas, de um lado, a receber um enfoque matemático e, do outro, a ser aplicadas a conceitos matemáticos. Estimulado pelas explicações de Peirce a respeito, Bense reconhece que um ícone, no sentido da teoria dos conjuntos, deve ser concebido como "média" quando determinado como um signo figurativo, referido ao objeto, que tenha pelo menos um traço em comum com seu objeto. O índice foi entendido por ele, correspondentemente à figura conectiva desse signo indicante, referido ao objeto, como "conjunto de união", e o símbolo como "conjunto de repertório" selecionável, ou seja, como uma "variável". Por outro lado, Bense procura a transferência de classificação das geometrias dentro dos moldes fornecidos por Felix Klein no "Programa de Erlanger" (1872). Com base nisso, a "geometria métrica" é descrita como *sistema sígnico simbólico*, a "geometria projetiva" (com suas relações de "passa através" e "jaz em" das "incidências", "colineações" e "congruências") como *sistema sígnico indexicálico*, e a "geometria topológica", determinada por meio da invariância da continuidade e do conceito de espaço circundante, como *sistema sígnico icônico*.

Podemos, transitoriamente, tratar apenas de investigações que correspondam à conexão descritiva entre semiótica e matemática. Vincula-se a isso o desenvolvimento de uma conseqüente concepção semiótica da matemática, de seus processos, idéias, perspectivas e objetos; isto é, procuramos introduzir a expressão conceptual "signo" – a qual obviamente sempre foi usada embora de modo não diferenciado –, de acordo com sua concepção relacional diferenciada como "triádica-tricotômica, na língua matemática, ou seja, tratá-la como um ente matemático propriamente dito".

Isso talvez possa, num primeiro momento, ser importante apenas para a investigação de seus fundamentos e dizer respeito àqueles campos em que a matemática funciona como uma linguagem, como a lógica, a semântica das teorias dedutivas, a teoria das linguagens formais em qual etc. Além disso, todo o recente estruturalismo matemático (concepção de Bourbaki), isto é, sistematismo e o esquematismo abstratos (a terminologia de "cópia", de "representação", de "transformação" e de "espaço") está relacionado com maneiras de expressão de proveniência semiótica diferenciada. Refiro-me a conceitos de natureza icônica como "homeomorfismo", "homotopia", "isomorfismo", a conceitos como "transformação de pontos", "transformação de encontro", "reprodução cinemática", "transformação projetiva", de natureza indexicálica, e "números primos", "números cardinais", "corpos numéricos", "equações", de natureza simbólica, para citar exemplos de infiltrações da formação de conceitos *referida ao objeto* (icônica, indexicálica e simbólica) na matemática.

A matemática, que semioticamente poderia ser concebida como uma matemática na referência ao interpretante ("matemática do interpretante"), ainda mal foi incluída na análises semióticas. No quadro de sua (ainda inédita) "doutrina da ciência" semiótica, o próprio Max Bense restringiu-se a algumas indicações. A matemática do interpretante está presente, por exemplo, no programa da matemática de David Hilbert; como também nas representações totalizantes do "intuicionismo", do "logicismo", do "formalismo" e do "operacionismo", bem como nas intenções do "círculo de Bourbaki". Finalmente, vale a pena esperar para ver o que a já citada publicação dos *Escritos Matemáticos*, até agora inédito, de Charles S. Peirce, a cargo de Carolyn Eisele, trará de novo a respeito.

4. Recapitulação e Perspectivas

Para uma aplicação significativa e frutífera da semiótica, o pressuposto é uma fundação teórica da própria teoria dos signos, tendo em vista o imprescindível controle de seus meios e métodos. Daí porque procuramos, na segunda parte deste livro, fornecer tal fundação com a "teoria peirciana de base" e as "extensões" a ela conferidas. Está claro que a própria semiótica deve ser entendida como uma "teoria aberta", visto que se deixa estender, precisar e diferenciar. Daí porque a teoria aqui apresentada também deve ser designada como "semiótica elementar", devendo ser complementada por uma semiótica com um ponto de partida superior, isto é, mais rico tanto na classificação como nos processos (no que respeita à semioses). Procuramos ocasionalmente esboçar essas extensões possíveis. Preocupamo-nos, essencialmente, com desenvolver a semiótica como equipamento espiritual universal, como um instrumento de esclarecimento de problemas do uso ou do emprego de signos em todos os campos.

A práxis semiótica não pode, obviamente, limitar-se aos âmbitos de aplicação à estética, à arquitetura, ao *design* e à matemática descritos na terceira parte deste livro. A práxis semiótica jamais pode ser pensada como suficientemente expandida, visto que os signos e os sistemas de signos pertencem aos meios sensoriais e intersensoriais da vida humana e desempenham uma função onde quer que em geral se tornem importantes não só os processos sensíveis ou de movimento mas também os de reflexão. Em outras palavras: qualquer coisa que pertença à percepção, à ação ou ao pensamento, poderá sempre ser concebida e descrita semioticamente. Naturalmente, os signos e os sistemas de signos devem ser elaborados ativa e passivamente. Eles se nos apresentam não apenas nas ciências, mas também nos *mass media*, nas marcas de fábrica e nos sinais de trânsito, nas transmissões de TV, nas provas tipográficas, no *design* industrial, na projetação arquitetônica e no planejamento do tráfego, isso para citarmos apenas exemplos.

A semiótica será, no futuro, indispensável para todas as ciências, sobretudo para as ciências da informação, para a ciência da linguagem, da documentação, das bibliotecas, para a formação de engenheiros e arquitetos, campos nos quais os sistemas de signos constituem o pressuposto para a classificação e a realização. Mas, de modo geral, a semiótica também deverá ser parte do equipamento técnico da ciência do planejamento, da pedagogia (escola e didática), da medicina e das ciências naturais, ao lado das outras ciências basilares. Ela própria não é, pois, apenas uma ciência mas, como teoria da ciência, constitui-se como fundação de outras ciências e é um instrumento para analisar tanto outras ciências quanto as atividades do homem que se baseiam em formas de expressão, informação e comunicação.

O fato de, na introdução, termos indicado exemplos de formações de conceitos nos métodos de aplicações de signos, tais como podem ser encontrados em diversos autores no decorrer da história da semiótica, tinha por escopo apresentar não só a riqueza de variações das definições, classificações e dos métodos de signos, mas também uma certa unidade da concepção dos signos a despeito de todas essas mesmas variações: pois embora não tenha qualquer significado como extensão de uma ciência, a exposição histórica contribui para sua compreensão e está particularmente apta a servir-lhe de introdução, desde que efetuada criticamente, isto é, de maneira adequada ao estágio atual da ciência.

Ao lado da análise sígnica de sistemas de signos já existentes, também a criação (o projeto e a realização) de signos e sistemas de signos será, no futuro, dirigida com base numa teoria geral dos signos, isto é, a produção consciente de signos, fundamentada teoricamente em signos, será efetuada por um *designer semiótico*, que completa o *designer* industrial e gráfico. Pois nos sistemas sígnicos complexos e complicados, que dominam nossa vida quotidiana e científica, só um perito solidamente formado pode produzir, isto é, projetar e realizar signos utilizáveis.

Bibliografia

ARENS, Hans. Sprachwissenschaft. *Der Gang ihrer Entwicklung von der Antike bis zur Gegenwart.* Orbis Academicus. Freiburg/München, 1955, 1969[2].

ARISTÓTELES. *Organon 1, 2* (Kategorjen. Lehre vom Satz). Phil. Bibl. 8,9. Hamburg: Felix Meiner, 1968.

_____ . *Poetik.* Werke Bd. 4. Berlin-Ost: Akademie-Verlag, 1969.

_____ . *Rhetorik,* Werke Bd. 5. Berlin-Ost: Akademie-Verlag, 1969.

_____ . Uber die Seele. Rowohlt-Klassiker 226, 227. Reinbek b. Hamburg, 1968.

_____ . *Metaphysik.* Reclams UB 7913/18. Stuttgart, 1970.

ARNAULD, Antoine und LANCELOT, Claude. *Grammaire générale et raisonnée ou la Grammaire de Port-Royal* (1960). Hrsg.H. E. Brekle. Stuttgart: Frommann-Holzboog, 1965.

ARNAULD, Antoine und NICOLE, Pierre. *L'art de penser. La Logique de Port-Royal* (1662). Hrsg. B. v. Freytag Löringhoff und H. E. Brekle. Stuttgart: Frommann-Holzboog, 1965.

AUGUSTINUS. *De Magistro* (1. Teil: Sprachphilosophie und Semiotik). Bekenntnisse (Werke. Bd. 1) Reclams UB 2791-94/b. Stuttgart, 1967.

BACON, Francis. *Neues Organon* (1620). Berlin: 1870. Berlin-Ost: Akademie-Verlag 1962. Darmstadt: Wissenschaftl. Buchgesellschat, 1966.

BARTHES, Roland. *Semiotik und Urbanismus,* in: Werk, 4., 1971.

BAUMGARTEN, Alezander G. *Metaphysica.* Halle: 1979.

_____ . Hildesheim: Georg Olms ([7]1979), 1963.

_____ . Aesthetica. I, Frankfurt 1750. II,1758, Hildesheim: Georg Olms, 1961.

BENSE, Max. *Theorie der Texte.* Köln: Kiepenheuer & Withsch, 1962.

_____ . *Aesthetica.* Baden-Baden: Agis, 1965.

_____. *Semiotik*. Allgemeine Theorie der Zeichen. Baden-Baden: Agis, 1967.

_____. kleine abstrakte ästhetik. rot 38, edition, rot. Stuttgart, 1969.

_____. *Einführung in die informationstheoretische Asthetik*. Reinbek bei Hamburg: Rowohlt, 1969, $_3$1972.

_____. *Zeichen und Design*. Baden-Baden: Agis, 1971.

_____. *Wörterbuch der Semiotik*. Hrsg. mit Elisabeth Walther. Köln: Kiepenheuer & Witsch, 1973.

_____. *Spanisch: La semeiotica. Guïa alfabética*. Barcelona: Editora Anagrama, 1975.

_____. "Semiotik und Linguistik", in: *Grundlagenstudien aus Kybernetik und Geisteswissenschaft*. 4/VI, 1965.

_____. "Theorie kubistischer". Texte, in: *Pour Henry Kahnweiler*. Stuttgart: Hatje, 1964.

_____. "Semiotik und Urbanismus", in: *Arct, 3*, 1968.

_____. "Farb-und Formsemiotik", in: *Archt, 9*, 1970, und in: *Versus, 3*, 1971.

_____. "Heuristk und Semiotik in der Wissenschaftstheorie", in: *Philosophy of Science, 1*, Tokyo, 1968.

_____. "Systemtheoretische Erweiterung des Zeichenbegriffs", in: *Archt*, 10, 1970; und in: *LiLi*, I 1/2, 1971.

_____. "Urbanismus und Semiotik", in: *Konzept 1*, Tübingen: Studio Wasmuth, 1971.

_____. "Semiotik und Kybernetik", in: *Grundlagenstudien...*, 14, 1, 1973.

_____. *Semiotische Aspekte der Wissenschaftstheorie*. Vorlesungsmanuskript, 1972.

_____. "Angewandte Semiotik und die Theorie des Design". *Papers* des Instituts für Philosophie und Wissenschaftstheorie der Universität Stuttgart, 1-13, 1973.

BERGER, Christel. "Semiotische Beiträge zur Design-und. Architekturtheorie". *Paper* Ma 1. Stuttgart, 1973.

BERGER, Wolfgang. "Eine Darstellung der Generierung und Kommunikation von Zeichen durch Graphen", in: *Grundlagenstudien...*, 12, 1, 1971.

BECKMANN, J. L. *Telegraphie und Telegraphen*. Karlsruhe 1794. Düsseldorf: VDI-Verlag, 1966.

BOLZANO, Bernard. *Wissenschaftslehre* (1837). Aalen: Scientia-Verlag, 1970 Semiotik. Hrsg. Elisabeth Walther. rot 43, edition rot. Stuttgart, 1971.

BOOLE, George. *The Mathematical Analysis of Logic*. Cambridge, 1847.

BRÖG, Hans. *Semiotische und numerische Analyse zweier Holzschnitte von Albrecht Dürer*. Diss. Stuttgart, 1968.

BÜHLER, Karl. *Die Axiomatik der Sprachwissenschaften* (1933). Hrsg. E. Ströker. Frankfurt: Vittorio Klostermann, 1969. *Sprachtheorie. Die Darstellungsfunktion der Sprache*. Jena 1934, ^{2}1965.

BÜHLER-OPPEMHEIM, Kristin. *Zeichen, Marken, Zinken*. Stuttgart: Hatje, 1971.

BUTTLAR, Adrian von und WETZIG, Alexander. "Die Schönheit der Stadt-berechnet Informationstheorie als methodischer Ansatz für die Stadtbildpflege", in *Süddeutsche Zeitung*. Nr. 103, 5./6. Mai 1973, S. 151-152.

_____. *Logische Syntax der Sprache* (1934). Wien: Springer, ^{2}1968.

_____. *Introduction to Semantics*. Cambridge/Mass.: Harvard University Press 1942, ^{3}1948.

————. *Meaning and Necessity*. Chicago: University of Chicago Press, 1947, [2]1956 Phoenix Books. erw., [5]1967.

————. *Logic and Language*. Dordrecht/Holland: D. Reidel, 1962.

CASSIRER, Ernst. *Philosophie der symbolischen Formen. I: Die Sprache*. Berlin, 1923, Oxford, [2]1954.

CHERRY, Colin. *On Human Communication*. Cambridge/Mass.: The MIT Press 1957. Dt.: Kommunikationsforschung-eine neue Wissenschaft. Frankfurt: S. Fischer, [2]1967 (erw.).

CHOMSKY, Noam. *Aspects of the Theory of Syntax*. Cambridge/ Mass.: The MIT Press 1965. Dt.: Aspekte der Syntax-Theorie. Frankfurt: Suhrkamp, 1969.

————. *Language and Mind*. New York: Harcourt Brace, 1968.

————. *Linguistics and Politics*. 1969. Dt.: Sprache und Geist, mit einem Anhang: *Linguistik und Politik*. Frankfurt: Suhrkamp, 1970.

————. *Communications*. 13, Paris, 1969.

————. *Computers and Visual Research*. Sonderheft von: Bit International, 2, Zagreb, 1968.

COSERIU, Eugenio. *Die Geschichte der Sprachphilosophie von der Antike bis zur Gegemwart*. Bd. I: Von der Antike bis Leibniz. Tübingen, 1969. Bd. II: Von Leibniz bis Rousseau. Tübingen Beiträge zur Linguistik. Tübingen, 1972.

DE FUSCO, Renato. "Eine Vorausschau auf die architektonische Semiotik", in: *Werk, 4.*, 1971.

DE MORGAN, Augustus. *Formal Logic*. 1947. "On the Syllogism No. IV", in: *Transactions of the Chambridge Philos. Society, 10*, 1860.

DESCARTES, René. *Regulae ad directionem ingenii*. 1701. Dt.: Regeln zur leitung des Geistes. Phil. Bibl. 26b. Hamburg: Felix Meiner, [2]1920, Nachdruck, 1966.

DEWEY, John. *How We Think*. New York, 1910. Dt.: Wie wir denken. Zürich: Morgarten-Verlag Conzett u. Hubert, 1951.

DIDEROT, Denis. "Encyclopédie und Signe", beides in: *Encyclopédie*, 1751 ff. Dt. in: Philosophische Schriften. Berlin-Ost: Aufbau-Verlag, 1961.

EBERLEIN, Gerald . "Ansätze einer allgemeinen Zeichen-und Kommunikationstheorie bei Francis Bacon", in: *Grundlagenstudien...*, 2, 1, 1961.

ECO, Umberto. *La struttura assente*. Milano, 1968, [trad. bras., Perspectiva, 1972]. Dit.: Einführung in die Semiotik. Uni-Taschenbücher 105. München: Wilhelm Fink, 1972.

————. "A Semiotic Approach to Semantics", in: *Versus, 1*, Milano, 1971.

————. "Introduction to a Semiotics of Iconic Signs", in: *Versus, 2*, Milano, 1971.

————. "Funktion und Zeichen, Semiologie der Architektur", in: *Konzept 1, Architektur als Zeichensystem*. Tübingen: Studio Wasmuth, 1971.

ERFURT, Thomas von. *De modus significandi, sive grammatica speculativa*. Um, 1293 (Duns Scotus zugeschrieben), neu herausgegeben Rom, 1902.

EUKLID. *Die Elemente*. Hrsg. und übersetzt von Clemens Thaer. darmstadt: Wissenschaftl. Buchgesellschaft, [2]1962.

FICHTE, Johann Gottlieb. *Von der Sprachfähigkeit und dem Ursprung der Sprache*. Sämtliche Werke, Bd. 8, 1795.

FITZGERALD, John J. *Peirce's Theory of Signs as Foundation for pragmatism*. Den Haag: Mouton, 1966.

FRANK, Helmar. *Grundlagenprobleme der Informationsästhetik und erste Anwendung auf die Mime pure*. Diss. Stuttgart, 1959.

_____ . "Uber die Kapazitäten der menschlichen Sinnesorgane", in: *Grundlagenstudien...*, *1*, *5*, 1960.

_____ . Hrsg: *Lehrmaschinen in Kybernetischer und pädagonigischer Sicht*. München: R. Oldenbourg 1964. Stuttgart: Klett, 1966.

_____ . Hrsg.: *Kybernetik-Brücke zwischen den Wissenschaften*. Frankfurt: Umschau, [3]1964.

_____ . Hrsg.: *Welt im Werden. Kybernetische Maschinen*. Frankfurt: S. Fischer, 1964.

FREGE, Gottlob. "Uber Sinn und Bedeutung", in: *Zeitschrift für Philosophie und philosophische Kritik, 100* (1891) und in: *Kleine Scriften*. Hrsg. I. Angelleli. Hildesheim: Georg Olms, 1967.

_____ . *Begriffsschrift. Eine der arithmetischen nachgebildete Formelsprache des reinen Denkens*. Halle, 1897. Hildesheim: Georg Holms, [2]1964.

_____ . *Logische Untersuchungen*. I, 1918/1919; III, 1923/1926. Hrsg. G. Patzing. Göttingen: Vandenhoeck & Ruprecht, [2]1966.

_____ . *Funktion, Begriff, Bedeutung. Fünf logische Studien*. Hrsg. G. Patzing. Göttingen: Vandenhoeck & Ruprecht, [2]1966.

FUCKS, Wilhelm. *Mathematische Analyse von Sprachelementen, Sprachstil und Sprachen*. Köln/Opladen: Westdeutscher Verlag, 1955.

_____ . *Nach allen Regeln der Kunst. Diagnosen ber Literatur, Musik, bildende Kunst, die Werke, ihre autoren und Schöpfer.* Stuttgart: Deutsche Verlags-Anstalt, 1968.

FUCKS, Wilhelm und LAUTER Josef. "Mathematische Analyse des literarischen Stils", in: *Mathematik und Dichtung*. München: Nymphenburger Verlagshandlung, 1965, [3]1969.

GABELENTZ, Georg von der. *Sprachwissenschaft*. Leipzig, 1891. Tübingen Beiträge zur Linguistik. Tübingen, 1969, [2]1972.

GERHARD, Marlis. *Die Sprache Kafkas. Eine semiotische Untersuchung*. Diss. Stuttgart, 1969.

GIONO, Jean. *Notes sur l'affaire Dominici*, Paris: Gallimard, 1957.

GOMPERZ, Heinrich. *Weltanschauungslehre Bd. 2: Noologie, 1. Hälfte: Einleitung und Semasiologie*. Jena: Eugen Diederichs, 1908.

_____ . *Uber Sinn und Sinngebilde, Verstehen und Erklären.* Tübingen: Mohr, 1929.

GRENIEWSKI, H. und KEMPISTI M., *Kybernetische Systemtheorie ohne Mathematik*. Berlin-Ost: Dietz, 1966.

GRIMM, Jacob. *Deutsche Grammatik*. 4 Bde., 1819-1837.

_____ . *Geschichte der deutschen Sprache*, 2 Bde, [4]1880.

_____ . *Uber den Ursprung der Sprache*. [7]1897.

Grundlagenstudien aus Kybernetik und Geisteswissenschaft (1980 ff.) 13. Jg., 1973.

GUIRAUD, Pierre. *Les caractères statistiques du vocabulaire*. Paris, 1954.

_____ . *Problèmes et méthodes de la statistique linguistique*. Utrecht/ Anvers, 1954.

_____ . "La stylistique. Que sais-je?" *Nr. 646*. Paris: Presses Universitaires de France, 1954.

————. "La sémantique. Que sais-je?" *Nr. 655*. Paris: Presses Universitaires de France, 1955.

————. "Langage, connaissance et information", in: *Journal de Psychologie*, 1958.

————. "La sémiologie. Que sais-je?" *Nr. 1421*. Paris: Presses Universitaires de France, 1971.

————. "Les champs morpho-sémantique. Critères externes et critères internes en étymologie", in: *Bulletin de la Société Linguistique de Paris*. LII., 1956.

GUNZENHÄUSER, Rul. *Asthetisches Mab und ästetische.*

————. *Information.* Einführung in die Theorie G. D. Birkhoffs und die Redundanz ästhetischer Prozesse. Diss, Stuttgart, 1962, und Quickborn b. Hambourg: Schnelle, 1962.

————. "ZurSynthese von Texten mit Hilfe programmgesteuerter Ziffernrechenanlagen", in: *Mathematik, Technik, Wirtschaft*. Jg. 10, H.1, 1963.

HEGEL, Georg Wilhelm Friedrich. Phänomenologie des Geistes", 1807.

————. *Wissenschaft der Logik.* I: 1812, I: 1817.

————. *Enzyklopädie der philosophischen Wissenschaften* (§§ 458, 459, 460), 1817-1830.

————. *Asthetik.* Hrsg. Friedrich Bassege. Berlin-Ost: Aufbau-Verlag, 1955 (1835).

HELMHOLTZ, Rita M. und BLOMEYER, Gerald R. *Aufgabenbereiche in der Architektur und deren Verhältnisse zueinander.* Fachbereich Architektur der HfBk Hamburg, 1973.

HERAKLIT. "Uber den Logos", in: *H. Diels und W. Kranz Die fragmente der Vorsokratiker,* Berlin, 1954.

HERDER, Johann Gottfried. *Abhandlungen über den Ursprung der Sprache* (1972). Reclam 8729 /30.

HERMES, Hans. Semiotik. *Eine Theorie der Zeichengestalten als Grundlage.für Intersuchungen von formalisierten Sprache.* Forschungen, zur Logik und Zur Grundlegung der exakten Wissenchaften. Neue Folge 5. Leipzig, 1938.

HILBERT, David. *Grundlagen der Geometrie*, 1899.

HUMBOLDT, Wilhelm von. *Uber die Verschiedenheit des Menschlichen Sprachbaues und ihren Einflub auf die geistige Entwicklung des menschengeschiechts* (1830-1835). Darmstadt u. Roether, 1949.

————. *Schriften zur Sprachphilosophie* (1822-1835). Stuttgart: Cotta, 1963, ²1969.

"Information einer Geschäftsstrabe. Umwelt als Informationsfeld". *Seminar 204 der SHfBK* Berlin, in: Bauwelt 51/52, 59 Jg., 1968.

JAKOBSON, Roman. "Kindersprache, Aphasie und allegemeine lautgesetze", 1941.

————. Gesti motori per il "si" ed il "no", in: *Versus 1*, 1971 Linguistik und Poetik, in: LiLi, Bd. 2,1,1971.

KAEDING, F. W. *Häifigkeitswörterbuch der deutschen Sprache*, 1897.

KANT, Immanuel. *Kritik der reinen Vernunft.* Riga, 1781, ²1787.

KIEFER, Georg R. *Zur Semiotisierung der Umwelt Eine exempiarische Erörterung, der sekundären Architektur.* Diss. Stuttgart, 1970.

————. "Für eine polititische Semiotik", in: *Arch, 10*, 1970.

KIEMLE, Manfred. *Asthetische Probleme der Architektur unter dem Aspekt der Informationsästhetik.* Diss. Berlin 1967, und Quickborn b. Hamburg: Schnelle, 1967.

KLAUS, Georg. *Semiotik und Erkenntnistheorie.* Berlin-Ost; Deutscher Verlag der Wissenschaften, 1963, [3]1972.

_____ . *Die Macht des Wortes.* Berlin-Ost: Deutscher Verlag der Wissenschaften, 1964, [6]1972.

_____ . *Sprache der Politik,* Berlin-Ost: Deutscher Verlag der Wissenschaften, 1971, [2]1972.

KLEIN, Felix. *Elementarmathematik vom höheren Standpunkte aus (11, Geometrie).* Berlin: Springer, [3]1925.

KNESER, Hellmuth. "Notio und Notatio" in: *Jahresberichte der Deutschen Mathematischen Vereinigung, LIII,* 2 Abt., 1, 1942.

KÖNIG, Giovanni Klaus. *Architettura e communicazione.* Florenz: LEF, 1970.

KÖNIG, Marie E. P. *Am Anfang der Kultur. Die Zeichensprache des frühen Menschen.* Berlin: Gebr. Mann, 1973.

Konzept 1, "Architektur als Zeichensystem". Hrsg. A. Carlini und B. Schneider. Tübingen: Studio Wasmuth, 1971.

KORZYBSKI, Alfred. *Science and Sanity. And Introduction to Non-Aristotelian Systems and General Semantics.* Lancaster/ Pa.: 1933, [2]1941.

KRAUSE, Karl Christian Friedrich. *Zur Sprachphilosophie.* Hrsg. A. Wünsche, Leipzig, 1891.

KRONASSER, Heinz. *Handbuch der Semasiologie.* Kurze Einführung in die Geschichte, Problematik und Terminologie der Bedeutungs lehre. Heidelberg, 1952.

KÜBLER, Renate und W. Flath, T. Käo, M. Lobmeyer. *Semiotische Beschreibung am Beispiel von drei Fernsprechapparaten.* München: Siemens AG, 1972.

LAMBERT, Johann Heinrich. *Neues Organon.* Bd. 2: Semiotik oder Lehre von der Bezeichnung der Gedanken und Dinge (Leipzig 1764). Hildesheim: Georg Olms, 1965.

LEIBNIZ, Gottfried Wilhelm. *Neue Abhandlungen über den menschlichen Verstand* (frz. 1765). Phil. Bibl. 69. Hamburg: Felix Meiner, 1971.

_____ . *Fragmente zur Logik.* Berlin-Ost: Akademie-Verlag, 1960.

_____ . *Mathematische Schriften.* Hrsg. C.J. Gerhardt. Berlin und Halle 1849-1863. Hildesheim: Georg Olms, 1961.

_____ . *Hauptschriften zur Grundlegung der Philosophie.* Bd.1. Phil. Bibl. 107. Hamburg: Felix Meiner, 1904, [3]1966.

LESNIEWSKI, Stanilaw. "Uber die Grudlagen der Ontologie", in: *Comptes rendus des séances de la société des sciences et des lettres.* Varsovie, Classe 3, 1930.

LESSING, Gotthold, Ephraim. *Laokoon* (1766). Reclam 271/ 71a/71b.

LÉVI-STRAUSS, Claude. *Tristes Tropiques.* Paris. Plon, 1955. Dt.: Traurige Tropen. Köln: Kiepenheuer & Witsch, 1960.

_____ . *La pensée sauvage.* Paris: Plon 1962. Dt.: Das wilde Denken. Frankfurt: Suhrkamp, 1968.

_____ . *Le Totémisme aujourd'hui.* Paris: Presses Universitaires de France, 1962.

_____ . Dt.: *Das Ende des Totemismus.* Edition Suhrkamp 128. Frankfurt, 1965, [3]1969.

_____. *Anthropologie structurale*. Paris, 1958. Dt.: Strukturale Anthropologie. Frankfurt, Suhrkamp, 1967.

LIER, Henri van. "Architecture et sémiologie", in: *Werk 4*, 1971.

LOCKE, John. *An Essay concerning Human Understanding* (1960). Dt.: Phil. Bibl. 75/76. Hamburg: Felix Meiner, 1962.

LUTZ, Theo. "Uber ein Programm zur Erzeugung stochastisch-logistischer". Texte, in: *Grundlagenstudien...*, 1, 1960.

MACKAY, Donald M. *The Nomenclature* of *Information Theory.* New York, 1951.

_____. Information, Mechanism and Meaning, London: The MIT Press, 1970.

MAHNKE, Dietrich. *Unendliche Sphäre und Allmittelpunkt. Beiträge zur Genalogie der mathematischen Mystik.* Halle: Max Niemeyes, 1937.

MAIMON, Salomon. *Versuch über die Transzendentalphilosophie, mit einem Anhang über die symbolische Erkenntnis,* 1790.

MALDONADO, Tomás. *Beitrag zur Terminologie der Semiotik.* Ulm, 1961.

MANDELBROT, Benoit. "Structure formelle des textes et communications", in: *Word, 10,* 1954, und 11, 1955.

_____. *Linguistique, Statistique, Macroscopique,* Paris, 1957.

MANDELBROT/APOSTOL/MORF: *Logique, langage et théorie de l'information,* Paris, 1957.

MASER, Siegfried. *Numerische Asthetik.* Arbeitsberichte zur Planungs methodik 2, Stuttgart/Bern: Karl Krämer, 1970.

Mathematik und Dichtung. Hrsg. H. Kreuzer u. R. Gunzenhäuser. Munchen: Nymphenburger Verlagshand lung, 1965, [3]1969.

MEAD, Georges. *Mind, Self and Society.* Chicago: University of Chicago Press, 1934. Dt.: Geist, Identität und Gesellschaft. Frankfurt: Suhrkamp, 1968.

_____. *Philosophie der Sozialität. Aufsätze zur Erkenntnisanthropologie.* Frankfurt: Suhrkamp, 1969.

MEIER, Helmut. *Deutsche Sprachstatistik,* 2 Bde. Hildesheim: Georg Olms, 1964.

MEINER, Johann Werner. *Versuch einer an der menschlichen Sprache abgebildeten Vernunftlehre oder philosophische und allgemeine Sprachlehre* (1781). Hrsg. H. E. Brekle. Stuttgart: Fromann, 1971.

MENDELSSOHN, Moses. *Betrachtungen über die Quellen und die Verbindungen der schönen Künste und Wissenschaften,* 1757.

MEYER-EPPLER, Wilhelm. *Grundlagen und Anwendungen der Informationstheorie.* Berlin/Göttingen/Heildelberg: Springer, 1959, [2]1969.

MOLES, Abraham André. "Objet et communication, und Théorie de la complexité et civilisation industrielle", beide in: *Communications. 13.* Paris, 1969.

_____. *Théorie de l'information et perception esthétique.* Paris: Flammarion, 1958. Dt.: Informationstheorie und ästhetische Wahrnehmung. Koln: M.Du Mont Schauberg, 1971.

_____. "Theoria informazionale dello schema", in: *Versus, 2,* Milano, 1971.

_____. "Sémiologie de l'architecture", in: *Werk, 4,* 1971.

MORRIS, Charles William. "Foundation of the Theory of Signs", in: *International Encyclopedia of Unifield Science,* Bd. 1 u. 2, Chicago, 1938. Nachdruck

Chicago 1959. Dt.: Grundlagen der Zeichentheorie. Reihe Hanser 106. München, 1972.

_____. "Esthetics and the Theory of Signs", in: *Journal of Unifield Science* (Erkenntnis), Bd.8, Den Haag, 1939. Dt.: Asthetik und Zeichentheorie. Reihe Hanser 106. München, 1972.

_____. *Signs, Language and Behavior.* New York: Prentice Hall, 1946, ⁴1950.

_____. *Signification and Significance.* Cambridge/Mass.:The MIT Press, 1964.

_____. *Writings on the General Theory of Signs.* Den Haag: Mouton, 1971.

OGDEN, C. K. und I. A. Richards. *The Meaning of Meaning.* London: Routledge and Kegan Paul, 1923, ¹⁰1969.

PEIRCE, Charles Sanders. *Collected Papers.* Cambridge/Mass.: Harvard University Press. Bd.I-IV 1931-1935; Bd.VII und VIII 1958, ²1960.

_____. *Letters to Lady Welby.* Hrsg. Lieb. New Haven/Conn.: Whitlock's, 1953.

_____. *Uber Zeichen.* Hrsg. Elisabeth Walther. rot 20, edition. rot. Stuttgart, 1965.

_____. *Die Festigung der Uberzeugung und andere Schriften.* Hrsg. Elisabeth Walther. Baden-Baden: Agis, 1967.

_____. *Uber die Klarheit unserer Gedanken.* Hrsg. K. Oehler. Frankfurt: Vittorio Klostermann, 1968.

_____. *Schriften.* Hrsg. Karl-Otto Apel. Frankfurt: Suhrkamp I 1967, Bd.II, 1970.

_____. *Graphen und Zeichen. Prolegomena zu einer Apologie des Pragmatizismus.* Hrsg. F. Roth. rot 44, edition rot. Stuttgart, 1971.

_____. *Lectures on Pragmatism – Vorlesungen über Pragmatismus.* Hrsg. Elisabeth Walther. Phil. Bibl. 281. Hamburg: Felix Meiner, 1973.

PLATON. "Kratylos", in: *Sämtl.* Werke Bd.2 RK 14/14a, ¹⁰1967.

_____. "Sophisten", in: *Sämtl.* Werke Bd. 4 RK 39/39a, ⁶1969.

PRIETO, Luis J. "Notes pour une sémiologie de la communication artistique", in: *Werk 4,* 1971.

REIMARUS, Hermann Samuel. *Vernunftlehre,* 1756, ⁵1790.

RESNIKOW, L. O. *Erkenntnistheoretische Fragen der Semiotik.* Berlin, 1968.

ROPOHL, Günther. *Flexible Fertigungssysteme.* Diss. Stuttgart, 1970, Mainz: Krausskopf, 1971.

ROTHSCHILD, F. S. "Die zentralnervöse Regulation der Kommunikation im Wachen, Schlafen und Träumen", in: *Excerpta Medica,* International Congress Series N. 150, Proceedings of the IV World Congress of Psychiatry. Madrid, 1966, S. 210-212.

_____. "Concepts and Methods of Biosemiotic", in: *Scripta Hierosolymita,* XX, Jerusalém, 1968, S. 163-194.

RUSSELL, Bertrand. "On Denoting", in: *Mind, 14,* 1905, S. 479-493.

_____. *Human Knowledge, Its Scope and Limits.* New York, 1948.

_____. *An Inquiry into Meaning and Truth.* New York, W. W. Norton, 1940.

SAUSSURE, Ferdinand de. *Cours de linguistique générale.* Paris, Payot, 1915, ³1960.

SCHAFF, Adam. *Introduction to Semantics.* Oxford/London/New York/Paris, Pergamon Press, 1964. Dt.: Einführung in die Semantik, Berlin-Ost., Deutscher Verlag der Wissenschaften, 1966.

SCHELLING, Friedrich Wilhelm. *Einführung in die Philosophie der Mythologie und Offenbarung.* Werke Bd. 11-14., 1856-1861, ²1958/1959.

───────. "Schema et schématisation". Sonderheft der *Revue* semestrielle. 1, I, 1968 (mit Arbeiten von A.Moles, F.Molnar, J. Bertin und anderen).

SCHNEIDER, Martina. "Beiträge zur Informationsästhetik. Literaturübersicht und Stoffsammlung", in: *Bauwelt,* Jg. 61, 22, 1970.

SCHOLZ, Heinrich. *Abrib der Geschichte der Logik.* Berlin 1931. Freiburg, Karl Alber, ²1959.

SCHRÖDER, Ernst. *Uber das Zeichen.* Festrede bei dem Direktionswechsel an der Technischen Hochschule zu Kàrlsruhe am 22.11.1890. Karlsruhe, 1890.

───────. Vorlesunger über die Algebra der Logik (exakte Logik). Leipzig I, 1890; II, 1.1891; II. 2. 1905; III 1895.

SCHULZ, Theodore A. *Panorama der Asthetik von Charles Sanders Peirce.* Diss. Stuttgart, 1961.

SEBEOK, Thomas A.: "Semiotica ed affini", in: *Versus,* 3, 1972.

SEBEOK, Thomas A. und RAMSAY, Alexandra (Hrsg.). *Approaches to Animal Communication. Approaches to Semiotics.* I. Den Haag/Paris: Mouton, 1969.

───────. "Semiotica", *Zeitschrift der Association Internationale de Sémiotique.* Den Haag: Mouton.

───────. Sextus Empiricus. *Adversus Mathematicos.* Leipzig, 1914.

SHANNON, Claude. "Predication and Entropy of Printed. English", in: *Bell System Technical Journal,* 30, 1951.

SHANNON, Claude und WEAVER, Warren. *The Mathematical Theory of Communication.* University of Illinois Press. Urbane, I 11, 1949, Neudruck, 1964.

SIEVERTS, Thomas und SCHNEIDER, Martina. "Zur Theorie der Stadtgestalt.

───────. Versuch einer Ubersicht", in: *Stadtbauwelt,* 26, 1970, S.109-113.

SPEIDEL, Manfred. *Semiotic Considerations on man-made Environment.* Diss. Tokyo, Waseda University, 1973.

STEINBUCH, Karl. *Automat und Mensch.* Berlin/Heidelberg/ New York: Springer, 1961, ³1965.

───────. *Taschenbuch der Nachrichtenverarbeitung.* Berlin/ Heidelberg/New York, 1962, ²1967.

TARSKI, Alfred. "Fundamentale Begriffe der Methodologie der deduktiven Wissenschaften", in: *Monatshefte für Mathematik und Physik, 37,* 1930, S. 361-404.

───────. "Der Wahreitsbegriff in den formalisierten Sprachen", in: *Studia Philosophica, 1,* 1935, und in: *Logiktexte,* Hrsg. K.Berka u. L. Kreiser, Berlin-Ost: Alkademie-Verlag, 1971.

───────. "The Semantic Conception of Truth", in: *Philosophy and Phenomenological Research, 4,* 1944, und in: *Semantics and the Philosophy of Language,* University of Illinois Press, Urbana, 1952.

───────. *Logic, Semantics, Mathematics.* Oxford Clarendon Press, 1956.

UHL, Johannes. "Architektur als Zeichensprache", in: *Bauwelt,* 34, 1969.

ULLMAN, Stephen. *The Principles of Semantics.* Oxford Basil Blackwell, 1957. Dt.: Grudzüge der Semantik. Berlin: de Gruyter, 1967.

Versus. "Quaderni di studi semiotici" (italienische Zeitschrift für Semiotik). Hrsg. Umberto Eco. Milano: Achille Mauri, seit 1971.

WALTHER-BENSE, Elisabeth. "Die Begründung der Zeichentheorie bei Charles Sanders Peirce", in: *Grundlagenstudien...*, 3, 2, 1962.

_____ . "Textsemiotik", in: *Köln: Kiepenheur & Witsh*, 1962.

_____ . "Semiotische Analyse", in: *Sprache im technischen Zeitalter,* 15, 1965, und in: *Mathematik und Dichtung.* München: Nymphenburger Velagshandlung, 1965, ³1969.

_____ . Francis Ponge. *Eine ästhetische Analyse.* Köln: Kiepenheuer & Wittsch, 1965.

_____ . (Hrsg,:) Charles S. Peirce, Die Festigung der Uberzeugung und andere Schriften. Baden-Baden, Agis, 1967.

_____ . "Abrib der Semiotik", in: *Arch, 8,* 1969.

_____ . "Interpretation-ein semiotisches Phänomen", in: *Probleme des Erzählens.*

_____ . Festschrift für Käte Hamburger. Stuttgart, Klett, 1971.

_____ . (Hrsg.:) Bernard Bolzano, "Semiotik", in: *rot 43,* edition rot, Stuttgart, 1971.

_____ . (H rsg.:) *Charles Sanders Peirce, Lectures on Pragmatism-Vorlesungen über Pragmatismus.* Phil. Bibl. 281. Hamburg, Felix Meiner, 1973.

_____ . (Hrsg. mit Max Bense:) *Wörterbuch der Semiotik.* Köln: Kiepenheuer & Witsch, 1973.

WEIGEL, Erhard. *Idea totius encyclopaediae.* 1671.

WEISGERBER, Leo. *Muttersprache und Geistesbildung.* Göttingen, 1929.

_____ . *Vom Weltbild der deutschen Sprache. I,* ²1953; II, 1954, ³1962 (verändert).

_____ . *Von den Kräften der deutschen Sprache, I-IV.* Düsseldorf: I ³1962; II, ³1962; III ²1957; IV, ²1959.

_____ . *Das Menscheitsgesetz der Sprache als Grundlage der Sprachwissenschaft.* Heidelberg, neubearb, ²1964.

WEISS, Paul und BURKS, Arthur. "Peirce's Sixty-Six Signs", in: *Journal of Philosophy, 42.* 1945, S. 383-433.

WELBY, Victoria. "Sense, Meaning and Interpretation", in: *Mind, 1896 What is Meaning?* London, 1903.

Significs and Language. London: Macmillan, 1911.

WENZEL, Günther. *Textverarbeitung auf der Graphemebene.* Diss. Stuttgart, 1967.

WILHELM von Ockham. *Summa totoius logicae.* Parisiis, 1488.

WITTGENSTEIN, Ludwig. *Tractatus logico-philophicus. Annalen der Naturphilosophie,* 1921 und London 1922. Edition Suhrkamp, 12. Frankfurt, 1963, ⁴1966.

_____ . *Philosophische Untersuchungen.* Oxford 1953. Frankfurt, Suhrkamp, 1967.

_____ . *Philosophische Grammatik.* Oxford, Blackwell, 1969; Frankfurt Suhrkamp, 1964.

_____ . *Uber Gewibheit.* Bibliothek Suhrkamp. Frankfurt, 1970.

WOLFF, Christian. *Vernüftige Gedanken von Gott, der Welt und der Seele des Menschen.* 1719.

_____ . *Philosophia prima sive ontologia.* Frankfurt/Leipzig, 1730.

ZIPF, G.K.: *Human Behavior and the Principle of Least Effort.* Cambridge/Mass, 1949.

BIBLIOGRAFIA ANEXADA À SEGUNDA EDICÃO

ANTTILA, Raimo. "Toward a Semiotic Analys of Expresive Vocaculary", *Semiosis*, 5, 1977.

BAYER Udo. *Lessings Zeichenbegriffe und Zeichenprozesse im "Laookoon" und ihre Analyse nach der modernen Zemiotik.* Diss. Stuttgart, 1975.

_____. *Semiotic und Didaktik,* Semiosis, 10, 1978. S. 38-49.

BECKMANN, Peter. *Formale und funktionale Film-und Fernsehanalyse.* Diss. Stuttgart, 1974.

_____. *Verbandstheoretische Darstellung der Subzeichen und Zeichenklassen.* Semiosis. 2, 1976.

BENSE, Max. *Semiotische Prozesse und Systeme,* Baden-Baden, Agis, 1974.

_____. "Das System der theoretischen Semiotik". *Semiosis,* 1, 1976.

_____. "Bemerkungen über die Zeichenbasis". *Semiosis,* 2, 1976.

_____. "Semiotische Kategorien und algebraische Kategorien. Zur Grundlagentheorie der Mathematik". *Semiosis,* 4, 1976.

_____. "Semiotik" in: *Lexikon der Germanistischen Linguistik.* Tübingen: Niemeyer, 1976.

_____. *Vermittlung der Realitäten,* Baden-Baden Agis, 1976.

_____. "Das Zeichen als Repräsentationsschema und als Kommunikationsschema". *Semiosis,* 5, 1977.

_____. "Zeichenzahlen und Zahlensemiotik". *Semiosis,* 6, 1977.

_____. "Wortsprache und Formelsprache". *Semiosis,* 8, 1977.

_____. "Der semiotische und metaphysische Formalismus des kreativen Prinzips". *Semiosis,* 9, 1977.

_____. "Semiotik" in: *Wissenschaftstheoretisches Lexikon,* hrsg. v. E. Braun und H. Rademacher, Graz, Wien, Köln: Styria, 1978, Sp. 524-529.

_____. "Das kreative Prinzip 'ästhetischer, Zustände' ". *Semiosis,* 10, 1978, S. 70-80.

_____. *Die Unwahrscheinlichkeit ästhetischer Zustände und die semiotische Theorie der Kunst.* Baden-Baden, Agis, 1979.

BERGER, Christel. *Nueu typographische Untersuchungen.* Hamburg, Selbstverlag, 1975.

_____. "Semiotisch-ästhetische Analyse der Buchstaben". *Semiosis,* 2, 1976.

BERGER, Wolfgang. "Zur Algebra der Zeichenklassen". *Semiosis,* 4, 1976.

_____. "Funktoren und die Autoreproduktion der Zeichen". *Semiosis,* 6, 1977.

BLOMEYER, Gerald P. und HELMOLTZ, Rita M. "Semiotic in Architecture". *Semiosis,* 1, 1976.

BRÖG, Hans. "Bemerkungen zur semiotischen Bestimmung von Dokumentarfotografie und Porträtmalerei". *Semiosis,* 2, 1976. (Hrsg.:) *Probleme der Semiotik unter schulischem Aspekt.* Ravensburg Maier, 1977.

BUCZYNSKA-GAREWICZ, Hanna. "Der Interpretant, die Autoreproduktion des Symbols und die pragmatische Maxime". *Semiosis,* 2, 1976.

_____. "Sign and Evidence". *Semiosis,* 5, 1977.

BUNGE, Mario. "Physik und Wirklichkeit". in: *Dialéctica, 19,* S. 195-222 und 20, S. 174-195.

BURZLAFF, Werner. "Taxonomie sémiotique de l'analyse du signe audiovisuel". *Semiosis,* 8, 1977.

112 A TEORIA GERAL DOS SIGNOS

DELEDALLE, Gérard. *Peirce ou Saussure*. Semiosis, 1, 1976.

——— . *Saussure et Peirce,* Semiosis, 2, 1976.

——— . *La joconde. Théorie de l'analyse sémiotique appliquée à un portrait.* Semiosis, 4, 1976.

——— . (Hrsg.:) C. S. Peirce, *Ecrits sur le signe.* Paris, Editions du Seuil, 1978.

DIDEROT, Denis. *Asthetische Schriften,* Berlin-Ost, Akademie-Verlag, 1967.

EBERHARD, Johann August. "Handbuch der Aesthetik für gebildete Leser aus allen Ständen". In *Briefen herausgegeben* von Johann August Eberhard, Halle 1802, [2]1807-1820 Faksimiledruck. Frankfurt, Athenäum, 1972, 4 Bde.

FICHTE, Johann Gottlieb. *Die transzendentale Logik.* 1812.

FRIEDMAN, Hermann. *Die Welt der Formen,* 2. Veränderte und ergänzte Auflage, München: C. H. Beck'sche Verlagsbuchhandlung, 1930 (1. Auflage 1925).

GÄTSCHENBERGER, Richard. *Zeichen, die Fundamente des Wissens.*

——— . *Eine Absage an die Philosophie,* Stuttgart, Fromann, 1932, [2]mit Einführung von Kuno Lorenz, 1977.

GALLAND, Georg. *Zur semiotischen Funktion der Kantischen Erkenntnistheorie.* Diss. Stuttgart, 1973.

HOENSCH, Jarmila. *Fragen an die Filmsemiologie,* Semiosis, 3, 1976.

——— . "Semiotische und ästhetische Aspekte der theatralischen Handlung". *Semiosis,* 6, 1977.

——— . *Das Schauspiel und seine Zeiche. Studien zur Zeichen-und Kommunikationsproblematik des Schauspiels.* Frankfurt, Peter Lang, 1977.

HUSSERL, Edmund. Logische *Untersuchungen.* Bd. I, 1900, Bd. II/1 1901, Bd. II/2, Den Haag, Martinus Nijhoff, 1902.

——— . *Formale und transzendentale Logik.* 1929, [2]1968.

——— . *Cartesianische Meditationen und Pariser Vorträge.* 1949, [2]1963.

KAMINKER, Jean-Pierre. "Pour une typologie des lectures. Reflexion sur un corpus de titres de presse". *Semiosis,* 4, 1976.

KEINER, Mechtild. *Uber den Icon-Begriff,* Semiosis, 7, 1977.

——— . *Untersuchungen zur Entwicklung des "icon" – Begriffes bei Charles S. Peirce,* Diss. Stuttgart 1978.

KÜBLER, Renate und LENGERT, Julius. "Semiotik in der Designpraxis". *Semiosis,* 3, 1976.

——— . "Wissenschaftliche Anforderungen zur Gestaltung positiver Erlebniswerte im Krankenhaus". *Semiosis,* 5, 1977.

MARTY Robert. "Topologie du champ théorique en sémiologie et en sémiotique". *Semiosis,* 2, 1976.

——— . "Catégories et foncteurs en sémiotique". *Semiosis,* 6, 1977.

——— . "Sémiotique de l'épistémologie". *Semiosis,* 10, 1978.

——— . "L'idéologie comme processus sémiotique". *Semiosis,* 11, 1978.

MORRIS, Charles W. *Pragmatische Semiotik und Handlungstheorie.* Mit einer Einleitung herausgegeben von Achim Eschbach, Frankfurt, suhrkamp taschenbuch wissenschaft, 1977.

——— . *Zeichen, Wert, Asthetik,* herausgegeben und übersetzt von A. Eschbach, Frankfurt, Suhrkamp, 1975.

NADIN, Mihai. "The Repertory of Signs". *Semiosis,* 1, 1976.

——— . "Sign nd Fuzzy Automata". *Semiosis,* 5, 1977.

NÖTH, Winfried. *Semiotik.* Eine Einführung mit Beispielen für Reklameanalysen, Tübingen, Niemeyer, 1975.

_____ . "Alice im Wunderland der Zeichen". *Semiosis*, 7, 1977.

_____ . *Dynamik semiotischer Systeme.* Vom altenglischen Zaubersprunch zum illustrierten Werbetext, Tübingen, Niemeyer, 1977.

OEHLER, Klaus. "Zur Logik einer Universalpragmatik". *Semiosis*, 1, 1976.

OGDEN, C. K. und RICHARDS I. A. *Die Bedeutung der Bedeutung.* Frankfurt, Suhrkamp, 1974.

PEIRCE, Charles Sanders. *The New Elements of Mathematics,* Hrsg. Carolyn Eisele, 5 Bände, Den Haag, Mouton, 1975-1976.

_____ . "Analysis of Creation". *Semiosis*, 2, 1976.

_____ . *Zur semiotischen Grundlegung von Logik und Mathematik.* Edition rot 52, Stuttgart, 1976.

_____ . *Correspondence between C. S. Peirce and Victoria Lady Welby.* Hrsg.

_____ . C. S. Hardwick. *Bloomington.* Indiana University Press, 1978.

PIGNATARI, Décio. *Semiótica e Literatura.* São Paulo, Editora Perspectiva, 1974.

RÉTHORÉ, Joëlle. "Sémiotique de la syntaxe et de la phonologie". *Semiosis*, 3, 1976.

_____ . "Sémiotique et pédagogie des langues vivantes". *Semiosis*, 8, 1977.

ROMEO, Luigi. "The Derivation of "Semiotics" through the History of the Discipline". *Semiosis*, 6, 1977.

ROTH, Friederike. *Semiotische Analyse der ästhetischen Untersuchungen Georg Simmels,* Diss. Stuttgart, 1975.

_____ . "Naturalismus/l'art pour l'art-ein semiotisches Thema Georg Simmels". *Semiosis*, 4, 1976.

ROYCE, Josiah. *The World and the Individual.* New York, Mac Millan, 1901.

SAVAN, David. *An Introduction to C. S. Peirce's Semiotics.* Part I, Toronto, Victoria University, 1976.

SCHLICK, Moritz. *Allgemeine Erkenntnislehre.* Berlin, Springer, 1918.

SCHMALRIEDE, Manfred. "Bemerkungen zu den Interpretanten bei C. S. Peirce". Semiosis, 3, 1976.

SIPEK, Borek. *Allgemeine Voraussetzungen zur Anwendung der Semiotik,* *Semiosis*, 3, 1976.

_____ . "Die architektonische Realform als Zeichen". *Semiosis*, 1977.

STIEBING, Hans Michael. "Dreistelligkeit der Relationenlogik-Kommentierende Bemerkungen zu Peirces 'The Logic of Relatives' ". *Semiosis*, 3, 1976.

_____ . "Ansatz zu einer allgemeinen Zeichengrammatik". *Semiosis*, 9, 1977.

_____ . *Klassifikations – und Zusammenhangs – Schema der Wissenschaften und Theorien auf semiotischer und fundamentalkategorialer Basis,* Diss. Stuttgart, 1978.

THOM, René. "Vom Icon zum Symbol". *Semiosis*, 10, 1978, S. 5-24.

TOYAMA, Tomonori. "Aspects of Design". *Semiosis*, 6, 1977.

_____ . *Semiotic Studies on the Design Methods,* Institute of Industrial Design, University of Tokyo, 1977.

VICO, Gian Battista. *Principi di una scienza nuova intorno alla comune natura delle nazioni,* 1725 (prima), 1744 (seconda), dt.: Grundzüge einer Neuen Wissenschaft über die gemeinschaftliche Natur der Völker, 1822.

WALTHER-BENSE, Elisabeth. "Erste Oberlegungen von C. S. Peirce zur Semiotik 1860-1866". *Semiosis*, 1, 1976.

_____ . "Die Haupteinteilungen der Zeichen von C. S. Peirce". *Semiosis*, 3, 1976, S. 32-42.

_____ . "Ein als Zeichen verwendetes Naturobjekt". *Semiosis*, 5, 1977.

WICHELHAUS, Barbara. *Untersuchung und Modifizierung zeichentheoretischen Ansätze – unter besonderer Berücksichtigung der Peirceschen Semiotik – im Hinblick auf die Erstellung von Grundlagen eines Lehr/Lernbuches für das Bezugsfeld Kunst/Designpädagogik,* Diss. Köln, 1978.

ZELLMER, Siegfried. "Das Pädagogische Prinzip der semiotisch kleinen Schritte". *Semiosis*, 5, 1977.

REVISTAS DE SEMIÓTICA

Ars semeiotica (International of American Semiotic), Boulder, Colorado, Ars Semiotica Press.

The Canadian Journal of Research in Semeiotica. Organ der Canadian Semiotic Research Association.

Kodikas, Papers in Semiotics, Thessaloniki.

Revista Hispánica de Semiotica Leterari.

Semiosis, Internationale Zeitschrift für Semiotik und. Asthetik, Baden-Baden, Agis Verlag.

Semiotic Scene, (Bulletin of the Semiotic Society of America), Medford, Massachussetts.

Semiotica (Revue publiée par l'Association Internationale de Sémiotique), Den Haag, Mouton & Co.

Semiotik-Information (Deutsche Gesellschaft für Semiotik), Wien.

Significação, Revista Brasileira de Semiótica, Ribeirão Preto, São Paulo.

Studia Semiotyczne (Hrsg. Jercy Pelc), Warschau.

Studia r Historii Semiotyki (Semiotic Historical Studies), Warschau.

Toronto Semiotic Circle, Monographs, Working Paper and Prepublications, Victoria University, Toronto.

Versus, Quaderni di Studi Semiotici, Bologna.

Índice Onomástico

Índice de Conceitos

SEMIOLOGIA E SEMIÓTICA NA PERSPECTIVA

COLEÇÃO ESTUDOS
(Últimos Lançamentos)

Impresso nas oficinas
da Cherma Indústria da Arte Gráfica
em outubro de 2010